Cómo Analizar a las Personas

Descubra los diferentes tipos de personalidad, el lenguaje corporal, la psicología del comportamiento humano, la inteligencia emocional, la persuasión y la manipulación

© Copyright 2020

Todos los derechos reservados. Ninguna parte de este libro puede ser reproducida de ninguna forma sin el permiso escrito del autor. Los reseñantes pueden citar pasajes breves en los comentarios.

Cláusula de exención de responsabilidad: Ninguna parte de esta publicación puede reproducirse o transmitirse de ninguna forma ni por ningún medio, mecánico o electrónico, incluidas fotocopias o grabaciones, ni por ningún sistema de almacenamiento y recuperación de información, ni transmitirse por correo electrónico sin la autorización escrita del editor.

Si bien se han realizado todos los intentos para verificar la información provista en esta publicación, ni el autor ni el editor asumen ninguna responsabilidad por los errores, omisiones o interpretaciones contrarias del contenido aquí presente.

Este libro es solo para fines de entretenimiento. Las opiniones expresadas son solo del autor y no deben tomarse como instrucciones u órdenes de expertos. El lector es responsable de sus propias acciones.

El cumplimiento de todas las leyes y normativas aplicables, incluidas las leyes internacionales, federales, estatales y locales que rigen las licencias profesionales, las prácticas comerciales, la publicidad y todos los demás aspectos de realizar negocios en los EE. UU., Canadá, el Reino Unido o cualquier otra jurisdicción es de exclusiva responsabilidad del comprador o lector.

Ni el autor ni el editor asumen ninguna responsabilidad u obligación alguna en nombre del comprador o lector de estos materiales. Cualquier desaire percibido por cualquier individuo u organización es puramente involuntario.

Índice

CAPÍTULO UNO: CÓMO CONECTAMOS..................................1
CAPÍTULO DOS: EL ARTE DE UNA CATEGORÍA 6
CAPÍTULO TRES: INTROSPECCIÓN 16
CAPÍTULO CUATRO: EL LENGUAJE DEL CUERPO HUMANO...............25
CAPÍTULO CINCO: LO QUE GUARDAMOS DENTRO............................34
CAPÍTULO SEIS: INTELIGENCIA 45
CAPÍTULO SIETE: CONVENCER A LA MENTE.................................53
CAPÍTULO OCHO: MONEDA DE DOS CARAS...................................64
CAPÍTULO NUEVE: LA CIENCIA DEL CORTE FINO 71
CAPÍTULO DIEZ: LO QUE SIGNIFICA TODO 82

Capítulo uno: Cómo conectamos

A lo largo de su vida, es muy probable que haya encontrado a una persona que simplemente no podía entender o comprender. Sentía esa desconexión entre ustedes dos, como si existieran en dos mundos separados, planos que nunca podrían unirse.

Tal vez esto lo haya experimentado en primera persona: un amigo de un amigo o un enigmático colega. Tal vez haya tomado la forma de un personaje en su programa favorito: sus acciones suponían un misterio para usted. Todo lo que hacían dentro de la trama parecía existir fuera de la esfera de todos los demás personajes y sus formas de pensar, como si ese personaje estuviese en otro nivel. Nos atraen este tipo de personajes, tanto en los medios como en el mundo real, solo porque buscamos comprender lo que parece imposible de entender como humanos, o como animales que quieren saberlo todo, simplemente por el bien del conocimiento. No podemos evitar observarlos cada vez que tenemos la oportunidad, solo para tratar de entenderlos un poco más. Sin embargo, esto generalmente no sirve de nada, pero aun así nos agrada probar de vez en cuando.

¿Por qué nos agrada observar a la gente? Este proceso, a menudo denominado observación naturalista, es una práctica adoptada en ocasiones por sociólogos y psicólogos del comportamiento. Es una forma de observar a las personas en su *hábitat natural*, es decir, observar cómo las personas interactúan sin estímulos externos que alteren la forma en que normalmente actuarían en público.

Piense en su película de robots favorita. Ya sea que describa al robot como una fuerza negativa o positiva, es probable que exista algún tipo de secuencia en la que *aprenda* sobre los humanos: cómo piensan, cómo actúan, cómo hablan y cómo se comunican entre ellos. Esto es, en cierto sentido, lo que otros humanos hacen cuando nos sentamos en un café o en un sitio en el parque y simplemente observamos a la gente pasar. Como humanos, estamos profundamente fascinados con nosotros mismos como especie y como individuos. Por lo tanto, para satisfacer esta fascinación, podemos encontrarnos atraídos por los monólogos y las historias de los extraños que encontramos al azar en la calle. Lo más probable es que haya tenido un encuentro inusual y enigmático con un desconocido en la calle que le resultó increíblemente fascinante por lo diferente, pero a la vez similar, que era para usted. Se sintió obligado a saber más, aunque solo fuera por algún tipo de curiosidad morbosa.

Existen muchas respuestas a la pregunta: "¿Por qué nos agrada observar tanto a otras personas?" Es probable que encuentre una respuesta diferente de cada persona a la que pregunte. Las respuestas pueden incluir que se trata de mera curiosidad o que es más una cuestión de espiritualidad en la que, observar a alguien, de alguna manera, es como mirararnos a nosotros mismos.

A menudo podemos tener una compulsión mental, una atracción hacia personalidades que son tan diferentes a las nuestras que parecen un rompecabezas, algo que se debe investigar más a fondo y desentrañar. Esto es en ocasiones la razón por la cual terminamos formando lazos con personas como estas, porque esperamos descubrir el gran secreto.

En realidad, apenas existe un secreto que aprender. Estas misteriosas personalidades con las que nos ponemos en contacto a diario suelen ser simplemente un reflejo de nuestra propia naturaleza misteriosa.

Después de todo, aprendemos a conectar de diversas maneras. Es el habla, la forma escrita o un método más moderno como correos electrónicos o mensajes de texto, lo que nos permite conectarnos a una escala más amplia en comparación con los métodos de comunicación disponibles para las generaciones pasadas.

Pero, ¿por qué nos atraen tanto este tipo de individuos? ¿Qué nos impulsa en nuestro cerebro de forma casi magnética a este tipo de personas que parecen tan misteriosas, tan distantes y que en realidad podrían ser un peligro?

En el mundo de la mente humana, la mayor parte del territorio es inexplorado. La mayoría de las preguntas metafísicas que planteamos sobre el mundo que nos rodea, y el mundo que nos espera, aún no tienen respuesta. Constantemente anhelamos respuestas a estas preguntas, no importa cuán desesperadamente tengamos que buscarlas. Después de todo, los humanos harán casi cualquier cosa por el conocimiento.

Piense en la última vez que usted leyó una novela particularmente intrigante, por la que sintió una gran curiosidad por saber el final. Algo en usted mismo le dijo indició que perseverase y esperase hasta que llegara de forma natural hasta el final de la historia. De esa manera, usted podría contar con todas las pistas, toda la información enriquecedora que seguramente mejoraría la revelación de la solución a todos los problemas de los personajes.

Y, sin embargo, la necesidad de saber la respuesta a su pregunta era muy tentadora. Sería increíblemente fácil saltar hasta el final del libro. No tendría que pasar por todos los detalles de la historia cuando lo que realmente ansía es la satisfacción de saber cómo termina todo.

Entonces, salta las hojas. Da vuelta y vuelta y hojea las últimas páginas, y encuentra el final. La resolución es muy satisfactoria, pero lo que es aún más satisfactorio es el hecho de que ahora sabe cómo termina. Puede decir que posee ese conocimiento. Aunque en realidad no sabe qué sucedió para llegar a ese final, está satisfecho con ese hecho; ahora tiene la respuesta a lo que se había estado preguntando al comienzo de la historia. Eso es suficiente para evitar el sentimiento de culpabilidad persistente de saltarse la mayor parte de la novela.

Si elige acelerar el proceso de la historia, entonces seguirá una tendencia de curiosidad e inquietud. Nosotros como especie, especialmente en las últimas décadas, nos hemos vuelto cada vez más impacientes. Es posible que desee culpar de este cambio al desarrollo de un sistema en el que solo necesitamos esperar unos cinco segundos para que cualquier información que deseamos nos sea mostrada en una pantalla. Somos seres que queremos respuestas. No deseamos necesariamente el contexto que pueda o no enriquecer ese conocimiento. El orgullo de la comprensión a menudo supera cualquier satisfacción moral que podamos obtener al seguir *las reglas*.

¿Cómo podemos aplicar este conocimiento a nuestras interacciones con las personas, especialmente los individuos enigmáticos cuyas acciones con demasiada frecuencia nos eluden?

Este libro le ayudará a educarse sobre cómo interactuar con esas personas, desde comprender sus motivos hasta poder leerlos antes de que puedan leerse a sí mismas.

A menudo, detrás de la máscara de un desconocido misterioso existe alguien simplemente diferente a nosotros con quien luchamos por empatizar, basándonos solo en nuestro conocimiento actual. Habitualmente no es alguien en otro nivel o en otro planeta, o una persona misteriosa que ha sido entrenada en el arte del engaño. Estos cuentos de hadas que nos contamos generalmente son para compensar las explicaciones más mundanas que encontramos cuando retiramos la máscara de esta persona.

En este libro, conocerá formas de retirar estas máscaras y observar de manera inquisitiva al individuo que se esconde bajo las mismas. A menudo nos fascina el arte de leer a las personas, probablemente impulsados por nuestro deseo, nuestra adicción al conocimiento. ¿Y qué puede ser más interesante y cautivador para la mente humana aparte de otra mente humana? Existen diversos tipos diferentes de personas, y cada individuo dentro de esas categorías actúa por sus propias razones únicas con sus motivaciones individuales. Este libro intenta estimar con precisión el contexto que podría estar detrás de la forma en que una persona actúa y cómo ayudarlo en todas las demás áreas de su vida, incluidas las relaciones personales y comerciales y los conceptos internos que pueda tener a un nivel más filosófico. El arte del psicoanálisis puede cubrir todas estas bases y más, como pronto descubrirá a medida que continúe leyendo.

Capítulo Dos: El arte de una categoría

Como humanos, entramos en contacto con muchos tipos diferentes de personas todos los días. A menos que, por supuesto, haya obtenido este libro mientras vive completamente desconectado o esté totalmente separado de la sociedad, es probable que entre en contacto con más personas de las que cree cada día, cada una, diferente. Se dice que los humanos son como copos de nieve; a pesar de nuestras grandes similitudes, todos somos increíblemente diferentes unos de otros, conservando diversas características que se unen para crear un individuo.

En este libro, se abarcará una variedad de temas, todos relacionados con diferentes métodos de análisis de personas. Antes de que pueda entender mejor a las personas que lo rodean, primero debe comprenderse a usted mismo. Poder analizarse con precisión demuestra que posee un conocimiento básico sobre cómo funcionan internamente las personas y cómo esas funciones internas se unen para crear los rasgos externos de una persona.

Antes de comenzar, vamos a presentar el asunto de la siguiente manera: analizar a las personas no es un superpoder. Es una habilidad que cualquier persona puede aprender fácilmente, una habilidad que perfeccionará con el tiempo y con la práctica. Al igual que con cualquier habilidad, existen personas que poseen una facilidad natural para analizar a las personas a su alrededor. Las personas con talentos naturales no siempre son necesariamente mejores en el análisis una vez que aprendan estas habilidades. Por el contrario, a menudo aquellos con habilidades innatas no sienten la necesidad de perfeccionar su talento y, por lo tanto, son superadas por sus compañeros que trabajan arduamente para progresar en la habilidad practicada. Por tal motivo, no se desanime por el talento natural de otras personas.

No se debe utilizar el psicoanálisis con fines malintencionados. Muchas personas no tienen intenciones buenas cuando aprenden a *leer* a las personas. De hecho, algunas planean usar sus habilidades para manipular a otros a su voluntad o simplemente con fines egoístas o potencialmente peligrosos.

Los humanos tienden a estar extrañamente abiertos a los demás, quieran o no. Es importante tener en cuenta que no importa cuán abierta sea una persona, la persona que esté buscando analizar será consciente. La mayoría de las personas tienen una comprensión general de su propia conducta y de lo que eso podría decir sobre ellas. Si obviamente está buscando analizar a alguien para manipularlo para sus propósitos, es probable que pronto se percate de sus intenciones. Por supuesto, idealmente, su moralidad es suficiente para alejarlo de la idea de tomar ventaja tan descaradamente de una persona inocente.

Algunos de los contenidos que se tratarán en este libro incluyen:

- Los secretos detrás de los tipos de personalidad
- El lenguaje corporal
- La inteligencia emocional
- La persuasión
- Los fundamentos de la psicología del comportamiento
- La manipulación (es decir, persuadir a alguien con intenciones malintencionadas)

- El arte del psicoanálisis y el análisis rápido de personas y comportamiento

Si uno o más de estos aspectos es de su interés, está de suerte. Si despiertan su interés, es probable que sea alguien curioso o que busque constantemente la verdad y la honestidad de las personas. Puede que le agrade la idea de tener una conversación sincera con alguien, ya sea un ser querido o un completo desconocido. Es posible que desee llegar rápidamente a la raíz de una persona y sus creencias. Si estas cuestiones se aplican a usted, ¡felicidades! Acaba de ser analizado. Un análisis rápido como este, también conocido por algunos como *rapid congnition* (o inteligencia intuitiva), no siempre es tan preciso como una observación naturalista más extensa y prolongada, pero tiende a ser bastante precisa durante los pocos segundos que toma realizar el análisis. Tan solo al demostrar que está lo suficientemente interesado en el arte de analizar a las personas y comprender mejor la psicología como para leer este libro, se ha categorizado a sí mismo junto con otras personas que muestran intereses similares a usted.

Naturalmente, puede suponer que las personas con intereses similares a los suyos también comparten un conjunto similar de rasgos de personalidad. Puede hacerlo sin querer, del mismo modo que todos los demás se agrupan con otras personas. Debido a que los humanos somos animales sociales, que nos sentimos más tranquilos, y más cómodos cuando estamos con personas con las que nos identificamos, accidentalmente nos volvemos fáciles de clasificar.

Todos somos personas individuales con elementos especiales que nos diferencian de todas las demás personas del planeta. Nuestras similitudes también tienen el innegable poder de unirnos. De estas similitudes, tal vez uno de los lazos más cohesivos entre todas las personas sea nuestra disposición y capacidad de clasificarnos, ya sea por rasgos físicos (nuestro tipo de sangre, color de ojos, etc.), o dentro de categorías más relacionadas con nuestra psicología. Estas categorías incluirían cosas como tipos de personalidad, intereses, educación, clase, raza, género, sexualidad y muchas otras cuestiones que usamos para colocar al mundo y a sus habitantes de forma impecable dentro de *categorías perfectas* en nuestras mentes.

En ocasiones, estas ordenadas categorías pueden crear más daño que bien. Piense en cuántas noticias y películas ha visto sobre los miembros de un grupo demográfico que intentan liberarse de los prejuicios debido a las categorías existentes. Imagine a alguien de un grupo demográfico determinado intentando entrar en el mundo de un grupo de personas marginadas y tratando de atraer a otros su mundo, un mundo donde las personas tienen más oportunidades. Las historias que *rompen el molde* a menudo se escriben porque los problemas y las divisiones raciales o sociales llaman más la atención.

Para comprender adecuadamente las categorías en las que parece que nos ubicamos rápidamente a nosotros mismos y a nuestros compañeros, veamos un ejemplo conocido por todos: la fascinación por los tests de personalidad.

Tomemos, para un ejemplo más específico, el indicador de tipo Myers-Briggs (MBTI por sus siglas en inglés), más conocido como la prueba de las 16 personalidades. Esta prueba mide a través de cinco facetas su personalidad y la forma en la que se muestra al mundo:

> 1. Su extraversión o introversión: Este aspecto refleja cuán enérgicamente interactúa con los demás y si recarga mentalmente su energía a solas o en grupo.
>
> 2. Sus habilidades de observación e intuición: Este aspecto compara si prefiere tomar decisiones observando a los demás meticulosamente o si es más probable que improvise y se deje llevar.
>
> 3. Pensamiento vs. sentimiento: Este es uno de los rasgos más analizados de cualquier persona. Al tomar una decisión importante, ¿confía más en su balance emocional o en sus habilidades de razonamiento? ¿Considera que es importante respetar las opiniones de sus compañeros, incluso si la información objetiva que usted posee no se ajusta con las ideas de los demás? Estas son algunas de las cuestiones a tener en cuenta para determinar en qué lugar de la visión se encuentra.

4. Juicio o percepción: El cuarto aspecto se descubre con preguntas que miden su iniciativa en un entorno social, así como también si sería o no apto para un rol de liderazgo en su vida laboral.

5. Finalmente, al final de su tipo de personalidad, se le asignará un rasgo, seguido de "A" o "C". Esta letra indica si posee una personalidad más asertiva o confusa. En otras palabras, si usted es el tipo de persona que dirige el grupo o si prefiere quedarse al margen mirando y aprendiendo antes de dar el primer paso.

Todas estas cuestiones combinadas conforman su tipo de personalidad MBTI. Este es solo un método, entre muchos, que puede encontrar fácilmente en línea para evaluarse a sí mismo y sus motivaciones en la vida.

Por ejemplo, el tipo de personalidad de una persona según la escala de Myer-Briggs podría ser ENFP-T, también conocida como la personalidad del *activista*. A este tipo de personalidad no le agrada ser categorizado, pero prefiere clasificar a los demás. Puede ser el tipo de persona que mira la vida a través de una lente muy analítica, pero repleta de pasión y emoción. Una persona de esta categoría puede observar la vida como un gran rompecabezas complicado y su misión en la vida es resolverlo. El cuestionario suele tomar aproximadamente diez minutos.

Todo esto puede parecer muy dramático para una prueba de diez minutos, pero los test de personalidad funcionan esencialmente de esta manera. Hacen preguntas similares para ayudar a evaluar su personalidad a través de cierta información. Aunque no todas las pruebas utilizan la escala de Myer-Briggs para definir la personalidad, la mayoría de las que poseen buena reputación utilizan aproximadamente la misma plantilla de preguntas. Esto se debe a que existen diversas maneras de medir la personalidad de un individuo en función de sus tendencias, o al menos de las tendencias de las que son conscientes y que se pueden registrar en línea a través de un test que toma de uno a quince minutos.

Por lo tanto, si casi todas las pruebas de personalidad son iguales y probablemente le brinden un resultado idéntico, ¿por qué se ve obligado a realizarlas? ¿Por qué a tanta gente le resulta tan divertido hacerlas?

Queremos ser validados. Es probable que cada persona, sin importar su estilo de vida, esté al menos algo interesada en la autovalidación. Esto no es una cuestión individual o de una fuente. El entorno en el que nos criamos, desde nuestros padres y compañeros hasta nuestros programas favoritos o las noticias que ven nuestros padres, nos ha convertido lentamente en una sociedad repleta de jóvenes que necesitan ser validados. Para algunos, la validación de un compañero puede ser más emocionante que un ascenso o un aumento.

La validación y la verificación son demasiado importantes en la era moderna. Buscamos literalmente cualquier test de personalidad para determinar aspectos que probablemente ya podríamos haberle contado a alguien sobre nosotros. Cuán extrovertidos o introvertidos somos, si somos más afectos para climas cálidos o fríos según nuestra personalidad, a qué animal nos parecemos según un cuestionario de una *web* que tardó menos de cinco minutos en completarse.

Prácticamente hemos perdido la capacidad de reflexionar profundamente sobre nosotros mismos. En cambio, incluso nuestra propia filosofía es algo que constantemente estamos verificando con otros para asegurarnos de que estamos en la posición correcta. Entonces, una vez reconocido el problema, ¿cómo lo detenemos? ¿Cómo detenemos algo que ha estado arraigado en nuestras mentes desde nuestro nacimiento?

Las pruebas de personalidad son útiles, y tienen su lugar para ayudarnos a comprender nuestras propias inclinaciones. Sin embargo, a veces, es posible que no entendamos las preguntas, obteniendo resultados poco precisos. También puede suceder que ninguna de las respuestas se ajusta a nosotros o nuestras preferencias, dejándonos nuevamente con resultados parcialmente reales. En cambio, ¿por qué no vivir su vida basada en usted, que es el personaje principal de su propia vida?

A menudo tenemos problemas para mirar hacia adentro porque tememos estar equivocados y exponer nuestra lucha interna. También hemos perdido la confianza para convencernos de que el camino en el que estamos es correcto, aunque nadie más verifique esa declaración. Es increíblemente difícil tratar de reafirmarse a sí mismo, especialmente cuando ha tenido a alguien a su lado sosteniendo su mano, metafóricamente hablando, en cada paso del camino.

En resumen, la única forma real de romper las cadenas que atrapan a su corazón y su mente es comenzar a obligarse a mirar hacia su interior. Este libro le ayudará a aprender cómo lograrlo. Después de todo, para entender los motivos de otra persona, primero debe entender los suyos. Este libro le enseñará cómo analizar y leer rápidamente a las personas, pero no le dirá exactamente qué está bien y qué está mal.

Depende de usted determinar cómo la información se ajusta a su vida; es su responsabilidad responder algunas de sus propias preguntas que este libro le descubrirá. Utilizar, tanto el conocimiento que obtendrá con este libro, junto con el que ya conoce sobre sí mismo y las personas que le rodean, puede ayudarle a interactuar de manera adecuada con los demás.

Lo más probable es que ni siquiera sepa que ya posee ese conocimiento interno. Cuando tenemos algo en qué confiar, como un cuestionario de personalidad, en lugar de dejarlo estrictamente a nuestro yo interior, esos dispositivos comienzan a funcionar menos y más lentamente. Como cualquier otra máquina, nuestro cerebro no funcionará con su máxima eficiencia si no estamos utilizando su potencia con la frecuencia necesaria. Cuanto más confíe en las opiniones externas para su validación en lugar de depender de usted mismo y pensar en sus propias acciones de una manera objetiva, más débil se volverá su cerebro y más difícil será cuando no le quede otra opción que pensar por sí mismo.

Entonces, la próxima vez que vea un tentador enlace a una prueba de personalidad, sin importar cuán fidedigna o valiosa pueda parecer la información en ese momento, tómese un momento y piense en la pregunta que desea que sea contestada. Es probable que pueda responder a la pregunta sobre usted con mayor precisión que cualquier prueba.

La otra gran cuestión acerca de obtener información filosófica sobre usted mismo es teorizar. En resumen, usted es su propio experimento científico, por así decirlo. Utilícese a sí mismo como sus propios experimentos, sus hipótesis, sus datos, de la manera que mejor le parezca. Si desea responder una pregunta que cree que puede contestar por sí mismo, mire hacia adentro y ¡averigüe si puede responderla!

Tomemos por ejemplo a Emmett. Emmett es una persona muy compasiva y empática, y por lo general intenta conectar con sus compañeros. Al hacerlo, Emmett crea conexiones beneficiosas y duraderas rápidamente, lo que le hace feliz, perpetuando el ciclo de conexión.

Sin embargo, Emmett se pregunta por qué le agrada entablar estas amistades. Normalmente no le benefician personalmente de manera proporcional al entusiasmo con el que las crea. Sabe que no lo hace por egoísmo, ya que no solo está conectando con personas en posiciones de poder o personas que le beneficirán en la vida o el trabajo. Entonces, ¿por qué lo hace?

Para responder a esta pregunta, analicemos de cerca cómo Emmett establece estas impresionantes relaciones. Lo consigue manteniéndose en contacto con casi todas las personas que conoce y asistiendo a reuniones sociales siempre que sea posible. Cuando se encuentra en estos eventos, tiene una gran habilidad para ser sociable con las personas de forma rápida, y muchas veces las personas que reciben este afecto lo corresponden con entusiasmo. Cuando Emmett recibe este afecto a cambio, se siente más feliz y, por lo tanto, más amigable, lo que lleva a que ese círculo continúe y la conexión se fortalezca.

Ahora, ¿qué reflejan los métodos de creación de conexiones de Emmett sobre él como persona? Es posible que haya notado el hecho de que Emmett es una persona muy sociable. Esto complementa que es extrovertido en comparación con algunos de sus compañeros y también se le facilita relacionarse simplemente porque interactúa con otros. Sin embargo, su razonamiento va más allá de eso, a una cuestión bastante egoísta que es común en muchas personas extrovertidas.

Probablemente también se percató de que Emmett es mucho más feliz cuando recibe atención y afecto a cambio de sus acciones. Aunque esta es una respuesta muy normal al afecto que se esperaría de prácticamente cualquier persona, lo que realmente dice sobre él es muy revelador.

Debe saber que, la razón por la que Emmett se emociona y se alegra cuando recibe atención positiva y afecto de otros es porque ese es exactamente el motivo por el cual lo ofrece en primer lugar.

Aunque Emmett realmente disfruta de observar a las personas felices y divirtiéndose, una pequeña parte de por qué es tan interactivo y simpático es porque necesita atención. Otorga grandes cantidades de afecto a las personas porque quiere agradarles, lo que le hará sentirse más seguro en sus logros y en sí mismo en general.

Usar a Emmett como ejemplo nos sirve para considerarlo sobre el hecho de que los humanos a menudo somos criaturas egoístas. No somos realmente malvados, pero somos egoístas. Algunos conciben el egoismo como un rasgo neutral, aunque poco atractivo. A menudo estamos demasiado absortos en nuestros propios problemas como para pensar en interactuar en la vida de otra persona. Pero, es esta forma de pensar egoísta y paralizada la que atrapa a una persona, o muchas, durante largos períodos de tiempo. Es difícil no quedar atrapado en ese ciclo, pero no es imposible salir de él.

Mientras se contempla a usted mismo, no tenga miedo de salir de su caparazón. No necesita la ayuda de nadie más para comprender quién es usted como persona. Este libro le mostrará los conceptos básicos para comenzar. Después de ello, depende de usted. Las categorías existen en la mente humana, pero no están destinadas a delimitar a todos. Usted es una persona única, con el poder de hacer lo que prefiera con sus habilidades y, si así lo quisiera, podría mejorarlas leyendo e informándose más.

Capítulo Tres: Introspección

El arte del psicoanálisis tiene que comenzar internamente. Esto puede parecer un poco contraproducente para las personas que solo quieren comenzar a comprender mejor a los individuos que les rodean. Sin embargo, no es tan sencillo.

Piense en cuántas personas han predicado que "para amar a alguien, primero debe amarse usted mismo". Esto no solo es cierto, sino que el mismo concepto es válido para casi todo. Cualquier aspecto que desee aplicar a los demás, primero debe poder aplicarse a usted de forma constante, aunque solo sea para comprender lo que está haciendo en primer lugar.

Por ejemplo, supongamos que quiere saber lo que piensa ese enigmático compañero de trabajo o misterioso amigo en común. Sus pensamientos y acciones parecen totalmente ilegibles, y necesita saber exactamente cuáles son sus motivaciones.

Para poder entender a esa persona, primero debe analizarse a sí mismo. Piense en algunas cosas que realiza de forma automática, sin pensar. ¿Qué decisiones toma con su subconsciente sin realmente tomarse el tiempo para sopesar sus opciones? Piense en las ocasiones en las que hubo gente que no comprendió sus acciones. No existe nadie que sea completamente incomprensible. Es más que probable que para otra persona usted sea ese compañero o colega misterioso y enigmático.

Con esto en mente y recopilando información sobre sus propias acciones y tendencias, ya sean patrones de los que es consciente o hábitos que las personas a su alrededor perciben antes que usted, analícelos. Pregúnteles a quienes se encuentran en una posición donde le observan a menudo, a un amigo del trabajo o a su cónyuge, dónde perciben que podrían originarse esas acciones. El verdadero secreto para desarrollar su capacidad de leer a las personas es saber cómo almacenar los elementos básicos de análisis y ponerlos en práctica en el mundo real. Nadie será más fácil de psicoanalizar que usted mismo.

Ahora que ha recopilado información, es hora de ponerla en práctica en el exterior. Haga nuevos contactos. El origen oculto de algunas de sus inclinaciones también puede ser la fuente de las tendencias de otra persona. Aunque la situación exacta de cada persona es obviamente diferente, a menudo existen similitudes entre aquellos que tienen una relación positiva entre sí; se pueden observar parecidos tanto a un nivel más profundo como superficial.

Digamos, por ejemplo, que usted y un amigo tienen personalidades igual de agresivas. Usted realmente no se siente malintencionado o que está actuando agresivamente, pero la gente le acusa igualmente de alejar a las personas debido a su comportamiento. Aunque no se perciba como necesariamente agresivo o lo haga a propósito, le perciben como combativo y demasiado defensivo. ¿Por qué podría ser? Nota que la gente dice lo mismo de su amigo, y usted puede entenderlo. Entonces, si estos rasgos son evidentes tanto en usted como en su amigo, pero ambos están muy seguros de que no son personas secretamente malintencionadas o malvadas que quieren vengarse de quienes les rodean, ¿qué está pasando realmente?

Afortunadamente para usted y su amigo, esos rasgos no indican psicopatía o maldad. De hecho, a menudo ese comportamiento indica lo contrario; que está asustado y desnutrido emocionalmente.

Las personas que se muestran involuntariamente combativas, a la defensiva, tienden a buscar seguridad. Se sienten amenazadas por la situación que les rodea y entran en modo lucha o huida constantemente. Es por eso que les percibimos en guardia todo el tiempo. Pueden tener miedo de verse involucrados en una situación potencialmente aterradora o peligrosa, incluso si el contexto de su situación real no se ajusta a esa narrativa de eventos en absoluto.

Aunque existen causas probables diferentes de este tipo de comportamiento, la más común reside bajo el paraguas de un trauma pasado, una causa que aparecerá con mucha frecuencia si intenta interpretar a muchas clases diferentes de personas. Alguien que es demasiado defensivo y combativo suele simplemente tener miedo, ya sea miedo a la confrontación o ser emocionalmente vulnerable. Los detalles varían en función de cada persona y sus experiencias, pero esto solo sirve como un esquema general para este tipo específico de comportamiento. Aquellos que muestran este tipo de miedo oculto normalmente han sido heridos en el pasado, probablemente por alguien en quien confiaban y que les hirió de una forma emocional de la que nunca sanaron completamente. Es posible que el padre o la madre estuviesen ausentes de su vida o fuesen negligentes, fríos o, posiblemente, abusivos. El niño desarrollaría un anhelo inconsciente por ese tipo de vínculo parental que nunca recibió en casa. Sería privado de esa forma de amor y afecto y ahora lo buscan en su vida adulta a través de cualquier medio necesario.

Aplicando esta lógica al ejemplo de la agresión, es fácil deducir que usted y su amigo comparten sus tendencias combativas porque es posible que no se les haya enseñado a empatizar. Este tipo de comportamiento surge a menudo por la ausencia de una figura materna, en vez de una figura paterna. Aunque esto no se aplica a todos los hogares, la madre tiende a ser el progenitor que se encuentra más a menudo en el hogar con el niño, crea un vínculo con este, le da consejos cariñosos, etc. Cuando este tipo de trato enriquecedor no está presente en la vida de un niño, crece sin saber empatizar y generalmente se siente inseguro en el mundo y consigo mismo.

¡Ha descubierto lo que ocurre! Los humanos tienden a ser como un rompecabezas emocional, lleno de pruebas contextuales, giros y vueltas que finalmente le llevarán a una solución bastante complicada. No deje que las personas aparentemente complejas le desanimen a investigar. El objetivo del análisis es, idealmente, servir a las personas que le rodean ayudándoles a entender por qué sienten lo que sienten y cómo combatir los sentimientos negativos que albergan. Comprenda que usted, como amigo o conocido, no está destinado a reemplazar la ayuda profesional, pero cualquiera con un corazón lo suficientemente amable como para tratar de ayudar a alguien supone una ayuda significativa para aquellos emocionalmente necesitados.

Esto es, por supuesto, solo un ejemplo. No se puede aplicar a todos, incluso en ese escenario más específico de un individuo especialmente combativo. A veces, las personas combativas y defensivas crecen en hogares gentiles y amorosos, y desarrollan sus tendencias combativas a partir de otro evento completamente diferente. Esto es totalmente posible y no debe descartarse simplemente porque cree que conoce el razonamiento de una persona. El análisis psicológico no es una ciencia exacta. Es una buena manera de valorar por qué alguien siente lo que siente y de comenzar a comprender más sobre usted mismo y sobre las personas que le rodean.

El análisis es más preciso cuando se usa en uno mismo. Utilizar esta información sobre usted es una buena manera de obtener una idea de su persona y de por qué actúa de cierta manera o se expresa a través de cierto medio. Nuevamente, aunque en cierto modo no es una ciencia exacta, es una manera de realizar una introspección como probablemente no haya visto antes. Es una forma que le permite analizarse de una manera más espiritual y que le ayuda a estar en paz consigo mismo, ya sea a través de la comprensión personal o buscando ayuda externa para su lucha emocional.

Reiterar, analizar y comprender sus problemas o los problemas de otra persona no los solucionará. Lo único que realmente puede impulsar a un individuo a avanzar hacia la curación es la acción. Comprender que alguien actúa de manera combativa porque no se siente amado es un gran primer paso, pero reconocerlo no cambiará sus acciones. Lo que cambiará sus acciones es hacer que se sientan amados y apoyados, y que no se sientan solos.

Si usted o alguien que conoce experimenta pensamientos suicidas o pensamientos que justifican un miedo genuino por su seguridad o la seguridad de los demás, no es suficiente con actuar solo. Póngase en contacto con personal sanitario o con la policía si se encuentra en una situación en la que la vida o la seguridad de alguien están en riesgo. Repetimos, tomar medidas individualmente no es suficiente para protegerse a usted ni a los demás, sin importar cuánto le gustaría pensar que puede salvar a alguien por su cuenta. No juegue a ser el héroe. Consiga ayuda para usted o para esa persona si considera que está justificado.

Sin embargo, la introspección no es siempre un asunto tan serio. Como comentamos antes, también puede realizar una de sus pruebas de personalidad favoritas. Aprender sobre usted no es una experiencia sombría o aterradora, es enriquecedora y puede descubrir aspectos sobre sí mismo que quizás no haya entendido o se haya percatado en el pasado.

Por ejemplo, colóquese en lugar de alguien que muestra un comportamiento de distanciamiento. Es posible que no sienta ninguna motivación, sea obsesivo o combativo, y que esté demasiado a la defensiva. Reconoce que al leer este libro, y simplemente por experiencias pasadas, que el comportamiento de distanciamiento no surge de la nada. Si siente que puede estar causándole problemas a usted u otros, o simplemente desea saber de dónde podría surgir esta tendencia divergente, hágase las siguientes preguntas:

- ¿Siempre he actuado así? Si no, ¿cuándo comenzó?

- ¿Existen situaciones específicas en las que esta tendencia o hábito se descontrola? ¿Empeora por el estrés? ¿O cuando estoy cerca de grandes multitudes o ciertos tipos de personas? ¿Existe cierta persona o personas que lo desencadenan?
- Hágase preguntas respecto a su situación actual: ¿Está relacionado con sus finanzas, su vida personal, su trabajo, su estado emocional actual o su relación? ¿Alguna de estas cosas influyen en las tendencias o hábitos que puede haber notado?

Realice estas preguntas según corresponda, y otras que considere y que se adapten de forma más específica a su situación. Hacerse preguntas es una de las maneras más eficientes de almacenar información sobre usted. Una vez recabada, se puede aplicar a la mayoría de las personas que le rodean. Después de todo, sin importar la raíz de sus problemas, es probable que existan muchas personas a su alrededor que sufren de una manera muy similar a la suya.

En resumen, debe ser capaz de analizarse a sí mismo antes de poder analizar realmente a cualquier otra persona. Usted es la persona cuyos patrones y hábitos son más fáciles de predecir por sí mismo, así que ¡aprovéchelo! Convertirse en la rata de laboratorio de sus propios experimentos psicológicos es una manera adecuada de comprender mejor a los colegas que pueden actuar de manera similar a usted. Ser capaz de comprender su forma de actuar y la raíz de esos comportamientos es el primer paso y, sin duda, el más importante para poder leer y comprender mejor a los demás a un nivel profundamente psicológico y emocional.

Nunca experimente consigo mismo de una manera que pueda dañarle a usted o a otros. El motivo de analizar a las personas no es desmotivarlas o desarmarlas por el simple hecho de comprenderlas. Los individuos más ambiciosos del psicoanálisis y del análisis rápido de personas son los terapeutas y los trabajadores sociales, personas cuyo trabajo depende de su capacidad para ayudar y consolar a las personas que sienten emociones complejas o devastadoras. Comprenda que las emociones que siente no le deben dar miedo, no importa cuán intimidantes o abrumadoras puedan ser. Sus sentimientos son una parte vital de su identidad humana, así como de su identidad como individuo. Reconocerlo no debería ser intimidante; en todo caso, debería ser enriquecedor saber que ha tomado el control de sus emociones y, por lo tanto, ¡de su vida!

Sin embargo, aquellos que poseen una comprensión innata de las personas las observan a través de un microscopio, y las consideran como máquinas más que como personas con sentimientos. Aquellos que nunca tuvieron la oportunidad de entender lo que estaban observando por esa lente, simplemente adoptaron una forma cínica de pensar; la proporción entre individuos que tienen facilidad para leer a otros tiende a ser igual a la de cínicos y pesimistas en la actualidad. Teniendo esto en cuenta, intente avanzar mientras perfecciona sus habilidades. Recuerde que las personas que le rodean no son sus experimentos científicos; no son para que juegue o manipule a su voluntad con fines ocultos. Trate a los demás con el mismo respeto con el que desea ser tratado.

Puede que se pregunte de dónde surge esta personalidad con complejo de Dios. Esto sirve como una prueba a la capacidad de alguien para analizar a las personas que lo rodean. Digamos que sufre algo similar a este complejo de Dios. Tal vez sienta que, dado que puede analizar a otras personas, posee algún tipo de ventaja sobre ellas, un poder abrumador que solo usted puede ejercer a su voluntad sobre otras. Si esto es realmente cierto, o no, es irrelevante. Puede poseer una capacidad innata para comprender las emociones de otras personas, pero le cuesta comprender las suyas.

Este tipo de personalidad puede serle familiar, o puede que no. Incluso podría ser un reflejo exacto de su personalidad, o al menos de la imagen que presenta a los demás. Cuando la gente actúa de esta manera puede que intenten mantener algún tipo de apariencia, ya sea de ser superior o inteligente o simplemente de poder.

Una regla general a tener en cuenta al analizar o leer a las personas es que, como adultos, podemos anhelar algo que nos faltó severamente durante la infancia. Es por eso que muchas personas que son demasiado agobiantes o afectuosas terminan desmotivadas emocionalmente. Pueden alejar fácilmente a otros sin querer o incluso sin saber que lo han hecho. Esto puede convertirse en un ciclo vicioso de desesperación, un ciclo que resulta extremadamente difícil de superar cuando se trata de alguien que no es consciente del problema, incluso al nivel más básico.

Entonces, si usted o alguien que conoce muestra signos o patrones problemáticos del comportamiento, ¿qué se puede hacer para prevenirlo o detenerlo? Superar un complejo de personalidad puede ser especialmente arduo. Cuando alguien tiene una personalidad narcisista o suele centrarse en sí mismo, puede tener dificultades para afrontar que tiene un problema. Al igual que el estereotipo común adicto a las drogas, se considera como la víctima y no logra concebir que sea él mismo el responsable. Una vez esta lógica se apodera de la persona, tal vez sea imposible su recuperación.

Este rasgo es común en personas que padecen un trastorno de personalidad, como el trastorno de personalidad antisocial, un trastorno en el que el paciente siente poco o ningún remordimiento o tristeza por sus acciones, y le resulta imposible empatizar, y mucho menos simpatizar con los demás. El trastorno narcisista de la personalidad, o NPD (por sus siglas en inglés), se caracteriza por la obsesión de conservar su imagen social a través del poder, las apariencias, el dinero, el materialismo, además de un ego extremadamente frágil. Estos trastornos son relativamente poco comunes en la población general, pero los rasgos son más comunes de lo que nos gustaría imaginar.

Si los síntomas están tan extendidos, ¿cómo es que las personas con tendencias narcisistas y aflicciones similares no obtienen la ayuda que claramente necesitan? Las leyes de consentimiento actúan sobre quién recibe ayuda. Las personas que consideran que no necesitan buscar ayuda no pueden recibir ayuda forzosa a menos que suponga un peligro confirmado para sí mismos o para la sociedad. Si la persona es menor de edad, es posible que un familiar o tutor lo decida.

Si desea ayudar a alguien a obtener la atención que necesita sin discutir, tome en cuenta que puede sentir la necesidad de reafirmar su dominio en todo momento, incluso sobre sí mismos, para mantener el control. Puede parecer seguro de sí, pero por lo general no es particularmente difícil derrotar a alguien. *Derrotar* no es exactamente el método de referencia cuando trata con un egocéntrico. Cuando se le demuestra de una manera irrefutable que está equivocado, puede que se cierre en definitiva, discuta sin sentido, o incluso se vuelva volátil o peligroso. Tome esto en cuenta al tratar con alguien de esta naturaleza.

En general, las personas que sienten la necesidad de reafirmar constantemente su autoridad (que pueden que posean o no) necesitan que les repriman lenta y tranquilamente de su eufórico comportamiento delirante. Reafirmar su falso poder o autoridad puede ser el equivalente a una subida de azúcar desmesurada, por lo que cortar rápidamente el torrente de dopamina del individuo podría provocar un síndrome de abstinencia emocional. Pueden que simplemente estén acostumbrados a sentir cómo dominan a una persona o un grupo. Por lo general necesitarán acostumbrarse a un nivel normal, al igual que alguien con una adicción física.

Ahora que está equipado con las herramientas necesarias para evaluarse psicológicamente, así como los conceptos básicos para evaluar a los demás, profundicemos en el procesador central de la psique humana para obtener un entendimiento más completo del análisis de personas.

Capítulo Cuatro: El Lenguaje del Cuerpo Humano

Quizás el tema más fascinante cuando se trata del psicoanálisis es el lenguaje corporal y otras señales físicas que se pueden detectar al descifrar a alguien. Incluso si carece de los conocimientos básicos necesarios para leer a una persona, no la conoce lo suficientemente bien como para obtener una descripción precisa de sus comportamientos, o no es apto a la hora de captar las señales más sutiles; leer el lenguaje corporal de alguien es, tal vez, la forma más fácil, rápida y sigilosa de comenzar a entender a otras personas.

Los individuos neurotípicos, es decir, aquellos que no entran en el espectro del autismo, poseen una comprensión innata, aparentemente integrada, de cómo gesticulan las personas y qué puede significar en el contexto de la sociedad y en la interacción con los demás. Sin saberlo, creamos este depósito de información desde el momento en que comenzamos a comprender imágenes, desde observar a nuestros padres hasta desconocidos en cualquier lugar, incluso cuando somos bebés o niños pequeños. Esta predisposición nos lleva a nuestras fases adultas en la vida, donde albergamos una biblioteca de conocimiento sobre las señales físicas y el lenguaje corporal de las personas; una base de datos que muchos de nosotros ni siquiera sabíamos que teníamos.

Por supuesto, para comenzar a analizar el lenguaje corporal, primero tenemos que hablar sobre el cuerpo como un todo. Cuando alguien entabla una conversación y dirige todo su cuerpo hacia una persona, establece contacto visual directo y frecuente y, como norma general es receptivo, es probable que el individuo confíe en la persona con quien está conversando. También puede ser que se sienta seguro en ese entorno y de sí mismo. Alguien que se encuentra físicamente cerrado y que carece de expresividad y emoción en su voz y postura, puede sentirse inseguro o incómodo con la otra persona o con la ubicación. Por supuesto, estos son dos extremos en el amplio y profundo espectro del lenguaje corporal, la postura y el tono.

Una señal reveladora de cómo se siente una persona es la posición de sus brazos. Percatarse de ello sin mirar fijamente a la persona o parecer sospechoso puede ser útil. La forma en que se colocan los brazos de alguien puede indicarle mucho sobre la manera en que una persona percibe su situación actual. Una forma física de defendernos de un peligro potencial es usar nuestros brazos. Cuando cae hacia adelante, ¿cómo intenta detenerse instintivamente? Es probable que con sus brazos. Teniendo esto en cuenta, existen muchas maneras en las que la posición del brazo de una persona puede indicar su estado de ánimo, personalidad general y otros aspectos sobre sí misma:

- Brazos a los lados: Esta es obviamente una postura neutral. Lo que indica depende en gran medida del contexto de lo que comunica el resto del cuerpo. Otra revelación involuntaria que agrega contexto a esta postura es el resto de posturas que adopta esa persona. Por ejemplo, si una persona coloca sus brazos a los costados, y de vez en cuando los cambia a sus bolsillos o algo similar, es probable que sea una señal de informalidad y que, en general, se siente relajada. Sin embargo, si cambia rápidamente entre esta posición aparentemente neutral a colocar sus manos a su regazo o sus bolsillos, puede estar impaciente. También puede indicar, simplemente, que está en un lugar o posición donde se espera que actúe formalmente, especialmente si normalmente no actuaría de esta manera. Estas reglas no son exactas, pero se pueden aplicar a la mayoría.

- Brazos cruzados: Esta suele ser una señal reveladora de que una persona está a la defensiva, o se siente atacada. Por lo general, esta posición la adopta alguien que es inseguro o no está conforme con su situación y busca sentirse en control. También puede ser un simple estado neutral o relajado: algunos simplemente colocan sus brazos de esta manera por costumbre o porque desconocen qué hacer con sus brazos. De nuevo, confíe en otras claves contextuales y señales del lenguaje corporal para analizar la situación.

- Frotarse el cuello o la cara: Alguien que frota repetidamente el cuello o la cara puede estar ansioso, como si estuviera indefenso o quisiese recuperar el control de la situación. Un gesto similar a tener en cuenta es frotar el lateral del dedo índice con el pulgar con la mano como un puño. Algunas veces, las personas usan este gesto cuando necesitan consolarse. Una vez más, estas cosas pueden ser tics nerviosos sin mayor importancia y no están directamente relacionadas con un suceso actual. Ninguna situación es igual, tome en cuenta el contexto.

Otra parte del cuerpo que es mucho más sutil, pero que sigue siendo una revelación involuntaria definitiva del comportamiento de una persona, es la posición de sus pies. Por ejemplo, digamos que usted estuvo en una fiesta y observó a tres personas conversando sobre algo. La primera persona tiene un pie apuntando en la dirección general de los otros dos participantes en la conversación. La segunda apunta sus pies hacia sus interlocutores, lo que indica que está prestando toda su atención a los dos. La tercera persona, sin embargo, tiene ambos pies apuntando hacia una persona, en vez de uno hacia cada individuo. Esto indica que, en realidad, no está prestando atención total a ambas personas, sino que solo está prestando realmente atención a uno de los otros participantes.

Por citar otro ejemplo, si observa a alguien de pie en un mostrador, ya sea para registrarse en un hotel o para ordenar café, la dirección en la que apunta su pie indica, probablemente, en qué dirección va a dar el siguiente paso. Aunque la posición de alguien pueda parecer demasiado sutil o intrascendente, esta indica pequeños detalles que conforman una imagen completa del lenguaje corporal de una persona.

Algo más a tener en cuenta con respecto a los gestos corporales es la forma en que una persona reacciona físicamente. Es necesario prestar atención a una forma más amplia en cómo se expresa un individuo, se mueve y se comporta en general. Por ejemplo, alguien que asiente o mueve la cabeza mientras escucha una conversación generalmente muestra atención. Sin embargo, el contexto real de este comportamiento puede depender de una persona a otra, especialmente en cómo se sienten respecto a la persona con la que están conversando. Una persona que muestra signos claros de sumisión frente a alguien en una posición de autoridad o alguien a quien respeta, venera o incluso teme, puede que busque obtener la aprobación de esa persona. Pueden estar simulando una imagen de compañerismo para congeniar con la otra persona, aunque no sean conscientes de ello.

Alguien que está encorvado o relativamente alejado de su interlocutor puede hacerlo por ansiedad o miedo. Por el contrario, alguien cuya postura natural es encorvada, sin ser causa del efecto de otra persona, puede parecer sospechoso, pero que en realidad se trata de una persona ansiosa y muy insegura.

Esto nos lleva a las diferentes máscaras del comportamiento humano y cómo cada persona se presenta a través de su comportamiento. La forma en la que se presenten dependerá en gran medida de sus antecedentes, la fuente real de su inseguridad, el tipo de entorno en el que se criaron y, a veces, puede depender, al menos parcialmente, de la genética. Alguien que se desarrolló en un entorno donde se reprendía por mostrar debilidad, probablemente se convertirá en un adolescente y posteriormente en un adulto que no expresa emociones. Si cuando era un niño, le hicieron sentirse inferior o débil por actuar emocionalmente vulnerable o empático, puede que también sea incapaz de responder adecuadamente en situaciones emocionales. Debido a que no tiene una imagen saludable real de empatía y fuerza, casi siempre tratará a los demás de la forma en la que le trataron en su infancia. Estas personas son quienes lo criticarán por acercarse a otros y tratarán activamente de avergonzarle por mostrar intereses o sentimientos genuinos. Pueden beneficiarse enormemente de las interacciones terapéuticas donde les introduzcan a los procesos de derribar sus muros metafóricos y abrirse emocionalmente a las personas en las que confían. Sin embargo, el tener confianza puede ser un concepto desconocido para las personas de las que han abusado o han sido abandonados emocionalmente en el pasado, ya sea por un abuso ocurrido durante la infancia o no.

Otras personas que no se sienten seguras de sí mismas pueden mostrarlo de una manera más evidente. Es posible que nunca hayan tenido una red de apoyo de amigos o familiares para enseñarles cómo hacer frente al mundo y a las personas que los rodean. Pueden verse a sí mismos como demasiado emocionales o vulnerables en comparación con sus compañeros. Estarán cerrados emocional y físicamente a sí mismos y al mundo también. Así mismo se encontrarán en una especie de estado de muerte emocional, incapaces de manejar sus emociones porque nunca se les enseñó cómo comunicárselas a los demás y tratarlas de manera segura y saludable. Estos no son los rasgos de un niño maltratado, sino de un niño abandonado; un niño que nunca fue apreciado, ni consolado y probablemente tampoco apoyado. Idealmente, estos individuos deberían estar expuestos a algún tipo de terapia o ayuda externa, pero para algunos es inalcanzable durante al menos algún tiempo. Estas personas necesitan que se les muestre amor y compasión. Por lo general, es mucho más difícil trabajar con alguien que está emocionalmente cerrado y que además no reconoce que tiene un problema. Esto reafirma el tema de las personas que poseen una perspectiva centrada en sí mismas, por lo que no saben cómo comunicarse con los demás y y carecen de la intención de aprender a hacerlo.

La inseguridad es a menudo la raíz del comportamiento más divergente; aunque muchos pueden etiquetarse como divergentes o típicos, dependiendo de la perspectiva. La inseguridad es una fuente profunda de comportamiento desconocido e incómodo en la sociedad actual. ¿Por qué sucede?

La inseguridad se encuentra arraigada en nuestros cerebros. Desde nuestros padres que nos presionan para obtener buenas notas hasta todas las malas noticias que oímos a diario, la confianza en nuestras habilidades, en nuestro rango, en nuestro lugar en el mundo, sufre más que nunca. Se ha convertido en una epidemia en todos los grupos demográficos, aunque está mucho más extendido en las personas más jóvenes. ¿Qué podemos hacer para combatir esta inseguridad? ¿Por qué parece surgir más ahora que en el pasado? ¿Realmente ha cambiado tanto la forma en que realizamos nuestras rutinas diarias?

La respuesta no es tan simple como parece, ya que las generaciones anteriores se desarrollaron bajo las máximas de mostrar obstinación y una imbatible confianza. Esta nueva generación ha aprendido a mostrar sus sentimientos y temores en vez de ocultarlos como sus padres y sus abuelos. Es una generación joven y brillante que nunca tuvo las mismas enseñanzas obstinadas. Actualmente vivimos en un momento repleto de pasión y confusión, donde la gente lucha activamente por no tener restricciones.

Para volver al tema del lenguaje corporal y otras cuestiones físicas sutiles de la psique humana, analicemos el tono de voz. El tono de la voz de una persona puede representar fielmente la vida de una persona. Con el equipo adecuado y un profesional, incluso se puede averiguar la estatura de una persona y algunos atributos físicos, simplemente por su voz.

Escuchar la conversación de alguien puede parecer moralmente cuestionable, pero escuchar atentamente a alguien con quien está conversando puede brindarle una mayor comprensión sobre su percepción y lo que sabe de esa persona.

Supongamos que conoce a alguien que parece extrovertido, vivaz, animado, una persona que demuestra confianza hasta el punto de la arrogancia. Y, sin embargo, habla interrumpidamente constantemente. No nos referimos a un tartamudeo u otro trastorno del habla; ya que esto se encuentra fuera del control del individuo.

En cambio esta persona simplemente se detiene en cada oración. Es difícil comprender por qué continúa expresando confianza y entusiasmo. Puede ser porque mantiene el semblante de alguien que sabe de lo que habla y más aún, que sabe cómo demostrarlo. Y aun así, se detiene.

Entonces, ¿qué está pasando? Volvemos a la inseguridad humana y la gran epidemia en la que se ha convertido hoy en día todo el mundo. Muchas personas que adoptan una máscara son personas normales que carecen de un sistema de apoyo, de motivación o simplemente de dirección y orientación para construir su confianza de forma natural. Debido a esto, mucha gente adopta una mentalidad en la que fingen lo que quieren hasta conseguirlo, y simplemente simulan su confianza en lugar de tenerla. Esto es más simple que descubrir cómo deshacerse de sus inseguridades y tiene relativamente el mismo efecto que su verdadero yo tiene en la sociedad. Aunque este tipo de mecanismo de defensa y superación es digno de cierta admiración, muchos lo utilizan en algún momento de sus vidas mientras aprenden a centrarse emocionalmente. Sin embargo, ser capaz de lograrlo requiere no solo el esfuerzo de fingir lo que se desea, sino que también requiere mucho tiempo, energía y compromiso para que esa simulación se transforme en realidad.

Es común no entender este concepto o, por lo menos, lo suficientemente bien como para aplicarlo a su vida de manera consistente, por lo que es sencillo acabar en un bucle interminable durante mucho tiempo. Puede estar fingiendo completamente y escondiéndose tras una máscara con la esperanza de que le perciban como una persona competente, extrovertida y capaz.

Nuevamente, como muchos tipos de comportamiento, esconderse tras una apariencia casi siempre se relaciona con un miedo paralizante a la soledad, el abandono o, sobre todo, un miedo a parecer débil. Estos temores son comunes, especialmente entre los jóvenes de la actualidad que temen mostrarse emocionalmente débiles frente a las personas que veneran o admiran.

En cualquier caso, esta persona se detiene al hablar, lo que indica que tal vez esa confianza que irradia no es tan genuina después de todo. Es muy posible que se trate de una apariencia que intenta conservar. El lenguaje corporal es un poco más fácil de forzar y controlar que su voz. Por natural que sea la forma en la que nos comportamos, es sencillo controlar la postura del cuerpo cuando se encuentra cerca de otros. Sin embargo, su voz es mucho más natural y se mueve libremente a través de usted, por lo que puede ser más difícil mantenerla bajo control sin que parezca forzada. Detenerse al hablar puede transmitir una incertidumbre constante respecto a sus decisiones u opiniones, lo cual es un claro indicio de que la persona que habla es bastante insegura de sí misma, sin importar cómo su postura o "personalidad" se manifiesta públicamente.

Esto nos lleva a otro aspecto breve, pero relevante, sobre algunas cuestiones sociológicas que revisaremos acerca de las generaciones actuales y pasadas. La personalidad de un ser humano es mucho más fluida de lo que se piensa.

En el antiguo folclore japonés, se decía que tenemos tres personalidades, o "caras". La primera era nuestra cara pública, la forma en la que nos presentamos al mundo y a nuestros conocidos. La segunda cara era un poco más "verdadera", la personalidad que mostramos a nuestros seres queridos, nuestros amigos y familiares particularmente cercanos. Esta también se consideraba como la máscara que llevamos con nuestra pareja. La tercera cara era la más íntima: la máscara del yo. Esta es la personalidad que nunca podía ver nadie más en el mundo, excepto su portador. Esta máscara es la que se dice que permanece cuando se despoja de las otras dos máscaras, por así decirlo. Lo que nos queda es el verdadero yo.

Aunque un poco anticuado, puede ser que el *shogun* y el samurái tuvieran cierta razón. Puede que alguna vez en su vida escuche que alguien se siente tan consumido por estas "máscaras" que le muestran al mundo y a sus seres queridos, que cuando se las quitan, se siente desnudos. Es posible que les parezca que no tienen una personalidad notable fuera de lo que muestran a los demás, lo que muestran al mundo.

Lo anterior muestra claridad sobre cómo hemos cambiado a lo largo de los años. Si actualmente está leyendo este libro y tiene menos de 35 años, puede que se identifique con esta sensación de estar tan fuera de lugar consigo mismo que al estar solo sin nadie más a su alrededor, sienta que no hay nada más. Como si no hubiera un verdadero "yo". ¿Quién es usted sin las distracciones de su rutina diaria, la rutina en la que tanta gente se siente irreversiblemente atrapada?

Dejarlo de lado; muchos se sienten fuera de contacto con su "yo" porque no practican la autoreflexión en su tiempo libre. Esto nos lleva a nuestro tema anterior sobre la falta de fiabilidad de las pruebas de personalidad. No nos preparan para situaciones en las que inevitablemente tenemos que observarnos a nosotros mismos de forma objetiva y comprendernos de una manera que nos ayude a conectar con nosotros mismos y con quienes nos rodean. Sin esa práctica, la orientación innecesaria de otras fuentes y terceros actúan como una muleta emocional. Nos permite escapar del incómodo proceso de la búsqueda personal y aceptar nuestros defectos como personas. Sabiendo esto, continuemos para comprender mejor las profundidades del psicoanálisis y cómo mejorar sus habilidades.

Capítulo Cinco: Lo que guardamos dentro

Los psicólogos y sociólogos del comportamiento a menudo discuten sobre el origen de la naturaleza humana. Algunos piensan que los humanos no son inherentemente buenos o malos, sino que nacemos con ciertas características, simplemente por genética. El debate sobre cómo aprenden los humanos a tomar decisiones es tan vasto como los océanos.

Algunas teorías defienden que los humanos son malintencionados per se, obligados a realizar actos despiadados simplemente por un capricho momentáneo y fugaz. Nadie hace algo "malo" simplemente por capricho. Siempre hay un significado detrás de cada acción.

Existe algún tipo de motivación detrás de una acción despiadada de cada hombre, sin importar cuán aleatoria o maliciosa pueda parecer. El odio de Hitler por los judíos no surgió hasta que fue excluido de la escuela de arte de su interés, ya que uno de los profesores de la junta que lo vetó resultó ser judío. Esto, obviamente, es un ejemplo extremo.

¿Por qué cree que cuando era pequeño, insistían constantemente en las sesiones contra el acoso escolar que los acosadores también son personas frágiles y dolidas? Es importante tenerlo en cuenta cada día de nuestra vida. Tómese un momento para pensar en su rutina diaria y asimilarla, entendiendo que las personas que lo rodean viven sus propias vidas, navegando por caminos muy similares a los suyos.

Quizás no se sienten estancados en absoluto; pueden estar increíblemente satisfechos con su situación, felices con sus amigos, su trabajo y su pareja. Tienen sueños, aspiraciones, miedos y esperanzas sobre las que meditan a diario. Los humanos somos animales de manada, animales sociales y, sin embargo, no reconocemos que nuestros compañeros sufren y prosperan casi de la misma manera que nosotros. Estamos viviendo junto a ellos, incluso imitándolos, pero con demasiada frecuencia no nos percatamos porque estamos muy concentrados en nuestros propios problemas. Esta es la insensatez del hombre egocéntrico.

Otras teorías sugieren que somos buenos por naturaleza. Según este punto de vista, no importa qué acto atroz cometamos o de qué delito seamos culpables o admitamos, siempre volveremos al bien.

Somos caóticos por naturaleza. No somos lo suficientemente simples como para ser simplemente buenos o malos. Es posible que nos encontremos cruzando entre uno y otro lado a menudo, y normalmente nos desviamos en algún momento mientras existimos caóticamente. Solemos vivir en el caos que se disfraza de paz y orden.

Existe un defecto en la pregunta sin respuesta de si los humanos son buenos o malos. Como no somos ni tan buenos ni tan malos de una manera radical, pero siempre tenemos la oportunidad de serlo, es probable que siempre terminemos en algún punto intermedio. El problema con esta perspectiva es que la cuestión asume que cada persona en la tierra comparte exactamente las mismas definiciones de "bien" y "mal". Para decir que solo existe una definición absoluta en el mundo tendríamos que excluir a las comunidades que están fuera de la perspectiva de la persona que formula la pregunta. Aunque es una buena idea, en última instancia, no es realista esperar que las culturas de todo el mundo siempre estén de acuerdo. Por lo tanto, el bien y el mal se convierte en una escala.

Aunque este tema parezca profundo para un libro acerca de aprender a leer a las personas y su lenguaje corporal, nos ayuda a comprender lo que nos une a todos para así entender y descifrar mejor a las personas. Aunque nuestras diferencias a menudo nos dividen en gran medida, nuestras similitudes las superan con creces.

Tomemos, por ejemplo, a alguien que conoce a un colega o un amigo de un amigo, con quien simplemente no se lleva bien. Por alguna razón, existe algo que no termina de encajar, aunque no puede entender el qué. Y, aún así, se mantiene alejado de cualquier manera.

Esto puede ser porque está reflejando sus propias diferencias personales respecto a esta persona. Intente prestar atención a sus cualidades positivas. En las relaciones románticas, la diferencia entre estar enamorado y desenamorarse de alguien se basa en lo cerca que presta atención a sus cualidades positivas. Cuando se desenamora de alguien de quien una vez pensó que era inseparable, es probable que haya dejado de tomarse el tiempo para reconocer todo lo bueno que hace. Está tan acostumbrado a lo bueno, que lo malo se vuelve más notorio. Es muy parecido en las relaciones no sentimentales. Debemos buscar conscientemente lo bueno en otras personas en lugar de esperar automáticamente lo peor.

Para conservar una relación adecuada, o al menos más estable con esa persona, debe hacer el esfuerzo de reconocer sus similitudes. Observe cualquier rasgo que puedan tener en común, ya sea algo superficial como pecas en el mismo lugar del cuerpo o la inusual forma en la que ambos juegan con su comida. Puede parecer que estos factores no importan respecto al todo, pero cuestiones como estas son las que construyen amistades y relaciones. Esta lógica también se puede aplicar para ayudar en los problemas matrimoniales.

No son tan diferentes el uno del otro después de todo. De hecho, somos mucho más parecidos de lo que pensamos. Somos capaces de percibir el lenguaje corporal e interpretarlo internamente sin percatarnos de que lo hacemos. Un dato interesante sobre el lenguaje corporal: cuando estamos con alguien, intentamos instintivamente replicar su lenguaje corporal y su postura. Este efecto se llama "reflejo" y es lo que nos ayuda a relacionarnos mejor con los demás. Es una especie de dispositivo integrado para hacer amigos. Estamos ligados a que nos agraden las personas que encontramos similares a nosotros. Como animales de manada, nos agrada reflejarnos como algo similar a la multitud en la que nos encontramos para sentirnos más aceptados por ese grupo. Tiene sentido querer encajar, incluso desde una perspectiva primaria. Lo que nos lleva a otro de los aspectos más misteriosos de la motivación y el comportamiento humano: la desesperación por sentirse querido y parte de un grupo.

En parte, la necesidad de pertenencia a un grupo en particular probablemente se deba al hambre de la sociedad moderna por cumplir los sueños idealizados y poco prácticos que adquirimos de los medios. El concepto de una "vida perfecta" ha estado tan profundamente arraigado en nosotros que se convierte en una fuerza impulsora tras la adicción de algunas personas por sentirse incluidas.

Seamos realistas, pertenecer a un grupo de personas es agradable. Las personas que se cuidan mutuamente pueden trabajar para lograr un objetivo común y ayudarse conjuntamente. Puede que no siempre sea lo que esperamos, y puede llevar más trabajo del que anticipamos, pero siempre será mejor.

Comprender estas dificultades puede ser abrumador para algunos jóvenes idealistas. La realización de que no todos siempre encuentran un final feliz es a veces demasiado duro para algunas personas.

Comprendernos internamente es posible. Y es probable que de ello obtengamos cierta perspectiva y usemos esa información para conseguir ser mejores personas. Las situaciones idealistas y los finales perfectos requieren cierta suerte junto con ellos. La suerte a veces puede parecerse mucho al trabajo duro. Tampoco tenemos que descubrir todo de una vez. Producir resultados para toda la vida llevará tiempo.

La desesperación y el cinismo con respecto a un objetivo que no se satisface pueden mostrar los extremos insensatos que las personas harán para alcanzar sus propios deseos. Puede notar que esto es increíblemente egoísta, y tendría razón. También podría pensar para sí mismo que esta es la imagen de una mala persona. ¿Es su versión de "mal" igual a la de la persona que experimenta la situación negativa que usted está observando como un tercero?

El egoísmo es un rasgo inherentemente humano. Sin la sensibilidad y el impulso para lograr los objetivos que desea, nunca llegaría a ningún lugar en la vida, aunque usted no fuera egoísta. Con demasiada frecuencia tenemos un prejuicio sobre el egoísmo de que las personas que lo exhiben son malas. Esto también es una falsa pretensión.

Tenemos este prejuicio porque cuando pensamos en alguien que es egoísta, a menudo pensamos en alguien que comete un crimen atroz o utiliza a las personas que lo rodean para sus propios fines enfermos y crueles. En realidad, todos somos egoístas todos los días de nuestras vidas. Parece que tenemos dificultades para aceptar nuestro propio egoísmo.

Quizás eso se deba al concepto de "egoísta es igual a mal" que hemos alojado en nuestras mentes. Todos somos egoístas. El egoísmo generalmente no se presenta en la forma de un jefe cruel y despiadado que dispone de trabajadores como si fueran basura. No, el egoísmo se presenta en pequeñas decisiones diarias, así como en opciones de vida impactantes. El egoísmo puede afirmar: "Voy a ponerme la máscara de rescate primero para poder ayudarlo de manera efectiva". Puede afirmar: "Quiero la pizza más grande, así puedo compartirla con alguien a mi lado". El egoísmo puede presentarse de maneras que pueden ser confusas para aquellos que no son los que toman la decisión que causa la acción del egoísmo.

El egoísmo muestra su cara más amable de formas mundanas e inofensivas, pero sigue siendo demasiado. Está priorizando a usted mismo sobre cualquier otra cosa, a veces simplemente por capricho. Por lo general, aunque podemos percibirlo como tal, esto no es realmente tan malo. Es algo que también está arraigado en nosotros desde que éramos criaturas prehistóricas, tropezando y gritándole al fuego y a cualquier otra cosa que pudiera representar algún tipo de amenaza para nosotros. Desde esos días, hemos conservado un sentido de egocentrismo, convirtiéndonos en nuestra primera prioridad porque, de no ser así, probablemente hubiéramos sido eliminados por alguna fuerza desconocida hace mucho tiempo.

Entonces, ¿lo entiende?, esa culpa que siente cuando hace algo por usted mismo es realmente injustificada. Es posible que hayamos sido entrenados para sentirnos mal por sentir los impulsos humanos porque son solo eso: impulsos. Pueden ser increíblemente únicos para la experiencia de cada persona, algo que a nuestra sociedad prefiere irónicamente tratar de rechazar. Por supuesto, sabemos perfectamente que eliminar la singularidad del hombre elimina su identidad, algo que quizá en estos días la humanidad ya parece perpetuar.

Considerar estos y otros aspectos de una persona esencialmente las convertirá en una especie de vegetal emocional; alguien despojado de su individualidad. Cuando trazamos exactamente la línea entre lo que es natural para la humanidad en un nivel aceptable y lo que es malo e inherentemente inaceptable, varía completamente de persona a persona. Aceptar que el bien y el mal coexisten es quizás la parte más crucial para dar un paso atrás y mirar a la sociedad como una entidad completa.

Para comprender mejor la naturaleza de las personas como un grupo completo, analicemos rápidamente un curso intensivo de sociología, el estudio de cómo las personas, y grupos más extensos, se unen para formar una sociedad caótica y al mismo tiempo muy ordenada e inmaculada. Existen, para principiantes en el tema, tres teorías sociológicas de enfoque, también conocidas como paradigmas sociológicos:

- Funcionalismo estructural: Esto es, en resumen, la teoría más básica y la teoría más ampliamente aceptada por las personas optimistas como podrá ver a lo largo de su vida. El funcionalismo estructural básicamente señala que tal vez la razón por la cual la sociedad sigue en pie es que es necesario conservar el orden para que no todos entremos en un tipo de caos apocalíptico. Dicta que la sociedad funciona como una máquina particularmente lubricada. Solo tiene un fallo de vez en cuando, tal y como ocurre con la mayoría de las máquinas, y diferentes partes de la sociedad, es decir, diferentes grupos, inevitablemente se unirán para crear esta máquina. También dicta que todas las instituciones que las sociedades tienen en funcionamiento, como las escuelas, sirven tanto para un propósito obvio, para lo que fueron construidas, como para un propósito latente, uno que solo surgió en la institución después de su construcción y puesta en práctica, algo que solo ocurre como un efecto secundario.

- Teoría del conflicto social: Esta teoría se ha vuelto un poco más reconocida con el tiempo y originalmente fue propuesta por el famoso sociólogo y filósofo, y comunista más conocido, Karl Marx. La teoría del conflicto social básicamente afirma que, en realidad, la única razón por la que la sociedad todavía está unida es que el mundo es, en cierto sentido, un conjunto masivo de grupos de todos los orígenes que luchan para conservar su poder o para tomar el poder de otra persona. Marx esencialmente imaginó el mundo y sus diversas sociedades como diferentes campos de batalla donde todos los grupos marginados del mundo luchaban contra los grupos más privilegiados. Dado que actualmente vivimos en una época de conflicto racial evidente, tiene sentido que esta teoría, en particular, se establezca. Se opone la teoría de la máquina lubricada, en cierto modo. Toma la idea de que todos estamos obligados a trabajar en armonía y lo tira por la ventana, en lugar de establecer seguridad sobre todo el conflicto constante y el derramamiento de sangre que ocurre en el mundo. Realmente, si estamos destinados a ser una máquina lubricada, y esa máquina supuestamente funciona correctamente la mayor parte del tiempo, entonces, ¿cómo llamaría a nuestra actualidad? ¿Cómo comenzaría a tratar de explicar el odio, la violencia y las atrocidades que ocurren todos los días debajo de la capa superior de esa máquina?

- Interaccionismo simbólico: Esta es la teoría que opera completamente por separado de las otras dos anteriores, en su mayor parte. Desarrollada en un momento posterior, la teoría del interaccionismo simbólico se centró en menor medida en el panorama general de la sociedad, los grandes grupos que interactúan y se enfocó en las micro interacciones del mundo, como un individuo trata a otra persona. Esta teoría propuso una idea que no se basa en la amplitud de un grupo o la escala de la sociedad para explicarse. La teoría señala, en resumen, que no existen verdades absolutas en el mundo. Que, para dar sentido a cualquier cosa en la tierra, tenemos que separarnos individualmente y encontrar nuestro propio significado para todo lo que vemos. Los hechos innegables no consiguen explicar la mayoría de los acontecimientos del mundo. Explican en menor medida sobre el mundo las suposiciones sin ningún hecho en absoluto. Quizás es por eso que muchas personas actúan de la manera en que lo hacen, haciendo suposiciones sin fundamento basadas en rumores y no en hechos reales que hayan aprendido de fuentes fiables. Sin embargo, para comprender esos hechos, tenemos que interactuar a nivel individual y comprender qué es lo que ese hecho en realidad nos indica. Es por eso que, en algunas sociedades, el símbolo de la mano para "O.K." es en realidad un gesto increíblemente rudo. También es la razón por la que todos interpretamos la prueba de manchas de tinta de Rorschach de manera muy diferente entre sí. Por ejemplo, todos estamos de acuerdo en que un apretón de manos simboliza algo muy básico: un saludo. Un apretón de manos solo indica eso porque la abrumadora mayoría de la sociedad dicta que así sea. Entendemos que levantar solo el dedo medio hacia alguien es increíblemente ofensivo y grosero porque, en su mayor parte, todos estamos de acuerdo en que esto es simplemente lo que significa ese gesto. Pocas personas entienden los significados originales detrás de los gestos que los humanos a veces usan para transmitir significado. El significado, o más bien la connotación, de algo tiene que haber llegado a una conclusión entre muchas personas diferentes para que el gesto, palabra, símbolo, frase, etc., pudiera convertirse en una entidad universalmente reconocida en toda esa sociedad en particular.

Todos estos paradigmas sociológicos se unen para, esencialmente, mostrarnos una verdad prácticamente innegable sobre nosotros, sobre el mundo y sobre los sociólogos.

Estamos absolutamente desesperados por entendernos a nosotros mismos, hasta el punto de desechar todo lo que nos hayan enseñado durante la infancia y más tarde en la edad adulta por el simple hecho de descubrir la verdad "correcta".

Como mencionamos brevemente al comienzo de este libro, la mayoría de las personas tienen algún tipo de impulso primario, un deseo o la necesidad de obtener conocimiento. Notamos que era más que probable que esta necesidad se basara en la satisfacción de comprendernos a nosotros mismos, lo cual, por sí solo, ciertamente no es un rasgo dañino, egoísta o malintencionado. En todo caso, es más una virtud que un vicio o cualquier otra cosa. Muchas personas se identifican con esta búsqueda interminable de la máxima comprensión de todo lo que se puede saber, y con esa búsqueda del conocimiento se une al hombre.

Todavía no hemos tocado otra base de esta intensa necesidad de entender. A veces, no es tanto la comprensión lo que nos satisface, sino que lo que nos satisface es el conocimiento de que estamos irrevocablemente en lo cierto sobre los demás.

Debido a que nosotros, como seres humanos, especialmente en una sociedad más moderna, estamos cada vez más cohibidos e inseguros con nuestras habilidades, estamos luchando constantemente para ocupar las brechas de confianza que las personas que nos rodean, nuestros mentores y nuestros guías y hasta nosotros mismos, hemos dejado vacías. Al completar estos vacíos, estamos satisfaciendo una de nuestras necesidades más profundamente instituidas como humanos: la necesidad y el anhelo de autovalidación. Esta necesidad nos impulsa, no solo hacia el conocimiento, sino a través de otros caminos para lograr nuestros objetivos. Esto puede ser a través del servicio a otros para conseguir elogios y validación, o como Emmett, de quien hablamos anteriormente, induciendo emocionalmente un ciclo de afecto verbal y emocional para que pueda beneficiarse del ciclo por sí mismo. Parece un poco egoísta, ¿no es así?

Cuando andamos por el camino de buscar lagunas en nuestro conocimiento a través de la obtención de inteligencia, a menudo posee algún subproducto positivo, ya sea que planea usarlo para validarlo o no. Incluso si solo busca algo para demostrar que un rival está equivocado o gana un debate, terminará habiendo aprendido más sobre el tema que cuando empezó. Si la función principal de este emprendimiento es demostrar que alguien está equivocado o tratar de mantener algún tipo de poder sobre alguien, entonces este emprendimiento, obviamente, es infructuoso, ya que al final solo lo hará sentir insatisfecho. Este tipo de energía temporal es el equivalente a una descarga reducida de dopamina como los cubitos de café que puede encontrar al lado de una caja registradora. Sin embargo, la función latente, que es que usted se educó sobre el tema del que estaba aprendiendo, en realidad resultó ser más poderosa y efectiva que la función obvia.

El poder de estos tres paradigmas sociológicos puede afectarle, y le afectará a diario probablemente por el resto de su vida. Es probable que ya haya afectado su vida todos los días hasta este punto. No solo esto, sino que los aspectos más misteriosos del comportamiento humano también le han estado afectando a usted y a las interacciones de su vida, tanto directa como indirectamente. Pero no olvide evitar caer en el cinismo. Actuemos a partir de ahora asumiendo que los humanos no son ni buenos ni malos, ni malintencionados ni justos. Somos criaturas naturales que interactúan entre sí en todo momento, tratando de sobrevivir con nuestras propias esperanzas, sueños y planes. Adoptemos este modo de pensar de ahora en adelante para optimizar la información en el resto de este libro. Porque, como ya sabe, todo lo que puede interpretar de este libro depende completamente de usted, y de cómo observe a las personas.

Capítulo Seis: Inteligencia

Nuestro siguiente tema cuando se trata de comprender y analizar de manera adecuada a las personas, consiste en entender a las personas antes de que pueda analizar entre líneas, por así decirlo.

Existen diferentes tipos de inteligencia, es evidente. Existe la inteligencia táctil para aquellos que aprenden usando sus manos. Existe la inteligencia académica, o "inteligencia de libro". Podemos tener inteligencia musical, inteligencia analítica, inteligencia lógica, y la lista puede continuar de forma interminable. Para resumir, existe un tipo de inteligencia de la cual quienes buscan psicoanalizar a las personas carecen de manera más efectiva, o al menos tienen complicaciones para aprender: la inteligencia emocional.

La inteligencia emocional es la experiencia colectiva de una persona en la que pueden relacionarse con las luchas y sentimientos de otra persona, ser capaces de empatizar con ellos y, por lo tanto, estar preparados para consolarlos en caso de necesitarlo. Esa es una definición bastante amplia, y es la que utilizaremos en este capítulo. Para aplicar este concepto, una persona que es emocionalmente inteligente puede comprender fácilmente los sentimientos de otra persona cuando está molesto, comprender por qué se siente de esa manera y ser capaz de tratar de hacerlo sentir mejor. Serán capaces de percatarse o entender por qué esa persona está molesta en primer lugar y de dónde provienen esas emociones. Alguien que no es emocionalmente inteligente, para aprovechar el otro lado de ese instante, puede hablar con alguien más acerca de sus sentimientos, pero siempre será significativamente más difícil para ellos entender realmente los sentimientos y pensamientos de la otra persona, al menos, los que no se ajustan a su propia connotación de lo que es "racional". Las personas que padecen de un trastorno de personalidad antisocial, o aquellas con tendencias sociópatas y psicópatas, por ejemplo, tienen un coeficiente intelectual emocional razonablemente bajo, también conocido como IE.

Por supuesto, algunas personas nacieron con una menor tendencia al comportamiento empático. Esto no los convierte en una persona mala o fría, y no es particularmente algo que esté bajo el control de esa persona. Sin embargo, su IE es un rasgo que no es estático. No importa cuál sea su IE en este momento, es muy probable que esté sujeto a cambios, tal vez en un futuro cercano.

La inteligencia emocional es uno de los mayores atributos de la humanidad, de acuerdo con diversos psicólogos. Debido a que somos capaces de empatizar como lo hacen muy pocos animales, poseemos la capacidad de apoyarnos unos a otros en lugar de esperar pasivamente a que cambie nuestra suerte para poder salir de un estado depresivo o cualquier estado emocional. Esto se debe a que somos capaces de hacer cambios conscientemente en lugar de dejar nuestro estado emocional al destino. También tenemos el poder de tomar nuestro destino en nuestras propias manos mientras nos ayudamos a nosotros mismos y a los demás. Tenemos este poder para hacer, realmente, lo que queramos. Lo único que impide vivir su vida de la manera en que se siente más cómodo es la presión para cumplir con su papel esperado en la sociedad y el estrés que conlleva la idea de no alinearse perfectamente con sus compañeros y con el resto de la sociedad. Sabiendo esto, ¿cómo podemos relacionar la inteligencia emocional con el análisis de los demás?

Ser capaz de empatizar con los demás puede ser una gran habilidad para alguien que puede analizar a quienes están a su alrededor. Alguien que analiza a los demás de una manera fría, manipuladora y cínica, en última instancia, será insuficiente en comparación con alguien que sea cálido y empático con quienes buscan comprender. El punto del psicoanálisis no siempre es analizar a la persona, a veces, solo se trata de entenderla. Esto puede parecer similar, y en el sentido de denotación lo es, pero la connotación de cada uno es muy diferente. Analizar es incluir lógica en ello y en cualquier situación que lo represente. Si bien las ciencias y las matemáticas pueden no requerir de empatía o aspectos de personalidad, las artes del lenguaje pueden ser muy diferentes porque exigen que el alumno analice una situación con cierta subjetividad. El arte del lenguaje implica la comprensión de los parámetros en los cuales las personas se comunican entre sí. El desarrollo de habilidades de las artes del lenguaje requiere una cierta cantidad de empatía y comprensión de la forma en que otros escritores y comunicadores interactúan dentro de sus respectivos formatos. Una mejor comprensión de las ideas de los demás nos ayuda a entendernos de manera adecuada y a comprender lo que estábamos tratando de analizar en primer lugar. Esta misma lógica puede aplicarse efectivamente a todos los diferentes tipos de personas. Cuando observa a alguien con una postura más fría o analítica, solo ve una cierta capa de ellos. Alguien que observa a una persona a través de una mirada puramente analítica probablemente verá a una persona malintencionada, simplemente. Este tipo de postura hacia las personas es efectiva y eficiente, pero también es muy cortante e indiferente. Pensar de esta manera limita la forma en que tiende a percibir a los demás y solo le permite comprenderlos de una manera que se ajuste al análisis concreto.

Observar a esa misma persona con un sentido de empatía, por otro lado, puede ampliar sus horizontes en el sentido de cómo percibe a ese individuo. Mientras, como un analista crítico, a menudo cínico, puede observar a alguien que ha hecho cosas malintencionadas o que a menudo es egoísta como una mala persona. Las personas pueden intentar y afirmar que no se ven afectadas por prejuicios.

Considerar a las personas en este tipo de energía nunca le llevará a ser más objetivo, solo lo conducirá a la negatividad. Todas las personas tienen al menos un rumbo natural, es inevitable. Ser consciente de su rumbo ayudará para mejorar su sentido de perspectiva objetiva que actuar como si no tuviera un rumbo en primer lugar. Alguien que sea un poco más subjetivo, un poco más emocional en la forma en que observar a las personas que los rodean, comprenderá que existen motivaciones ocultas hacia el egoísmo. Los individuos empáticos probablemente entenderán que la persona cercana a ellos es tridimensional, un ser capaz de muchas cosas y una persona que posee diversas facetas en su personalidad.

Reconociendo y procesando que cada persona a su alrededor es una persona tridimensional, en última instancia, le ofrecerá una perspectiva útil a medida que interactúa con los demás, no solo mejorando su comprensión de las personas. Las categorías en las que a veces colocamos automáticamente a las personas pueden ser el resultado de una tendencia pesimista de la cual no somos conscientes que conservamos.

Sin embargo, muchas personas tienen problemas con su empatía. Debido a que algunas personas nacieron con tendencias empáticas nulas, pueden tener dificultades para relacionarse con otros. Otros sufren ansiedad u otros padecimientos que les impiden interactuar de manera adecuada como algunos de sus compañeros pueden hacerlo. Esto puede parecer un obstáculo masivo en el camino para desbloquear su habilidad secreta para analizar a las personas, pero es un obstáculo abrumadoramente común que la mayoría de las personas enfrentarán en algún momento de su vida. Si no luchan para poder conectarse, pueden descubrir que no pueden desconectarse de las personas, un problema separado que es completamente propio. Dos caras de la misma moneda, pero estos conceptos muestran ejemplos opuestos de un problema que cada uno puede enfrentar en algún momento de nuestra vida. Esto puede volverse más frecuente en la actualidad, ya que las generaciones más jóvenes parecen tener dificultades para interactuar cara a cara con sus semejantes. Ahora que nos enfrentamos a este problema, es momento de descubrir cómo superarlo de manera correcta por el bien de las próximas generaciones. A continuación mostramos algunos aspectos en particular a tomar en cuenta cuando se enfrenta a este tipo de problema:

- Ocasionalmente encontraremos una solución efectiva de un día para otro para nuestros problemas. Los asuntos que valen la pena a menudo requieren nuestro tiempo y devoción. No importa lo que la sociedad intente mostrar, generalmente no existe una solución rápida para nuestros problemas. No existe una píldora para adelgazar perfectamente en una semana, no existe un régimen de entrenamiento para hacerlo lucir como un físico-culturista antes del viernes próximo, y no existe un libro de autoayuda que cure su depresión o revierta sus traumas. Debe ser proactivo y enfrentar sus preocupaciones, padecimientos y posibles problemas. Tiene que ser usted quien lidere la causa de sus propias mejoras. Tiene que ser usted, y solamente usted, al principio, quien busque superarse a toda costa, sin importar lo que cueste. Intentar hacer trampa en su vida solo terminará en que se detendrá en el punto de partida. Tiene personas a su alrededor y recursos para ayudarlo y apoyarlo, pero debe dar ese primer y más difícil paso hacia lo desconocido.

- La práctica hace la perfección, pase lo que pase. Parece que el antiguo mantra que maestros y padres grabaron en nuestros cerebros cuando éramos niños en realidad no está en todas partes. A medida que practique analizar a las personas, abrirse a ellas y responder a las personas que se abren a usted, no solo mejorará como amigo y como pareja, sino que también podrá comprender adecuadamente los conceptos básicos cuando se trata del psicoanálisis. Ya sea que analice en lo más profundo a usted mismo o descarte cualquier cuestionario de personalidad sobre su verdadero yo, estos aspectos se acumularán en torno a su creciente sentido de inteligencia emocional y su capacidad para darle el uso apropiado en el mundo real.

• Lo que actualmente lo está bloqueando no lo definirá, ni ahora ni nunca. Ya sea ansiedad, estrés o disminución de la empatía, las cosas que enfrenta ahora solo pueden afectarle durante un cierto período de tiempo. La duración exacta de ese período de tiempo depende completamente de cómo lo enfrente, cómo busca corregirlo o al menos mejorarlo, y avanzar desde allí. El período será mucho más extenso si se demora en mejorar, y será mucho más corto si es proactivo en corregir lo que considera que necesita mejorar en usted mismo.

• No culpe a nadie. A menudo, como seres humanos, podemos tener la mala costumbre de culpar a los demás, a nosotros mismos o al mundo en general cuando no podemos encontrar a nadie más en particular. Cuando se encuentre señalando con el dedo a los demás, recuerde que culparlos no le ayudará a resolver el problema que está enfrentando. Culpar a otros puede que ni siquiera le brinde satisfacción temporal. Además, culparse por sus deficiencias puede ser un intento infructuoso de castigarse a sí mismo. Por lo tanto, concentre toda la energía que de otro modo se usaría para culpar a alguien o a usted mismo, y canalícela para que sea productiva para mejorar su situación y superarse. Esto resultará mucho más fructífero y valdrá mucho más su tiempo. Quienes le rodean también podrán notar su progreso y estarán más dispuestos a ayudarle.

• Aprender sobre usted mismo es difícil y, a veces, agotador. Requiere una cantidad genuina de trabajo duro y persistencia, y habrá momentos en que fallará. Eso es correcto, y es normal sentir que puede estar fallando. El punto en tomar un camino para mejorarse a usted mismo no es continuar en una línea recta constante hasta que cruce la meta metafórica. La superación personal es una de esas cosas en las que el viaje suele ser más satisfactorio que el destino. Por supuesto, debería estar satisfecho cuando se considere finalizado por el momento. Debería sentirse orgulloso de haber podido lograr todas las cosas que hizo y seguir adelante de cualquier manera. Tome en cuenta que la mejora a menudo no es rápida, y de ninguna manera es fácil o lineal. Tendrá días buenos cuando sienta que puede tocar esa línea de meta. Habrá días en los que sentirá que esa línea de meta no podría estar más lejos de su alcance, ya que se aleja más y más con cada momento que pasa. La idea es que tenga suficiente fe en sí mismo y en quienes le rodean para poder seguir adelante. Debe saber que puede cruzar esa línea de meta como todos los demás a su alrededor que buscan superarse a sí mismos. Encuentre consuelo en el hecho de que la mayor parte del mundo está tratando de mejorar de alguna manera en este momento.

- Su sistema de apoyo es importante. Si bien un luchador difícilmente puede ganar sin el entrenamiento y el espíritu de lucha necesarios para hacerlo, la moral del luchador no sería tan estable si no fuera por sus fanáticos y su apoyo animando en su esquina del ring. Lo mismo ocurre con cualquier esfuerzo que realice, incluida la superación personal. Su sistema de apoyo, esté compuesto por sus amigos, su familia o cualquier otro ser querido, está ahí para apoyarlo y ayudarlo en todo lo que necesite. Es aquí donde entra en juego practicar la vocalización de sus sentimientos. Las personas en su esquina del ring no pueden ayudarle del todo si no está dispuesto a explicarles por qué está teniendo dificultades. A menos que se comunique adecuadamente con ellos, sentirá que no tiene un sistema de apoyo, e incluso puede sentir que le han dado la espalda en ocasiones. No tenga miedo de expresar cualquier preocupación que tenga; reforzar su confianza, con la ayuda de su sistema de apoyo y sus seres queridos, es el primer paso para desarrollar orgánicamente sus propias habilidades y su propia confianza. Nunca debe tener miedo de intentar ganar porque sus defensores estarán ahí en sus días malos cuando fracase o pierda. Incluso entonces, esa pérdida es solo temporal.

Comprender de manera adecuada cómo los factores de inteligencia emocional, o IE, en el psicoanálisis implican también considerar lo que separa a las personas que intentan analizar de manera firme o fría de aquellas que buscan comprender mejor a las personas que analizar. Mirar debajo de la superficie de lo que es legible de primera impresión sobre los demás, puede tener un impacto en cómo nos capacitamos para responder a los demás. El último de esos individuos continuará siendo un oyente significativamente mejor y también más persuasivo. El aumento de las habilidades para una vida empática puede ayudarnos a comprender mejor qué hace que otras personas se sientan frustradas y qué puede complacerlas o convencerlas en una discusión.

Además, aquellos que puedan empatizar con las personas podrán hacer conexiones rápidas mucho más fácilmente. Lo que esto significa es que gran parte del comportamiento humano recurre a un conjunto de causas, la mayoría de las cuales tienen sus raíces en la infancia. Estas causas no siempre actúan como un villano secreto detrás del comportamiento errático o inusual de una persona. Sin embargo, una suposición educada en cuanto a la historia de esa persona, al tiempo que analiza por qué esas cosas son frecuentemente la causa raíz de la mayor parte del comportamiento divergente, puede ser útil. Después de todo, dado que las causas de la infancia parecen ser la realidad para muchas personas, ¿qué tendencia en la sociedad puede estar vinculada al aumento de personas que actúan de la manera que lo hacen? ¿Qué parece indicar todo sobre nuestra sociedad en su conjunto, y existe alguna forma de reducirla o cambiarla? En el próximo capítulo, profundizaremos un poco más en el arte de la persuasión y cómo el psicoanálisis influye en ganar una discusión o llevar a cabo una campaña política.

Capítulo Siete: Convencer a la Mente

El arte de persuadir a otros, especialmente en un mundo en el que las palabras pueden viajar rápidamente a través de las comunidades, es controlar esencialmente a la mayoría de las personas en algunas situaciones. Esta es la razón por la cual poder articular sus necesidades e intenciones es un rasgo tan importante como político o en una posición similar de poder. Las personas en estas diferentes posiciones de poder a menudo tienen la capacidad de ganarse a otras personas y persuadirlas para que consideren su perspectiva de una discusión. En ocasiones permanecen en esa posición poderosa mientras les sea posible y continúan trabajando con los conceptos que consideran que son adecuados y beneficiosos para sus respectivas sociedades. Verdaderamente, en cualquier tipo de democracia donde los ciudadanos escogen a sus propios líderes, es el poder de la palabra el que gana las elecciones y las encuestas en todo el país.

Ahora, la única pregunta que queda es la siguiente: ¿qué tan fácil es, o más bien cuánto tiempo llevará, aprender a influir en las personas, a someterlas a la voluntad de un determinado partido? Realmente, no es tan difícil como muchas personas podrían imaginar que es. Por supuesto, hay algunas personas que van a tener una afinidad adquirida previamente para persuadir a otros. Existen quienes, naturalmente, siempre encontrarán fácil convencer a otros de que están en lo correcto y quién está equivocado. Esto es normal, y tal vez usted es una de estas personas. Si este es el caso, agradezca su talento, pero sepa que ningún talento podrá igualar una habilidad adquirida a través de prolongados períodos de práctica y perfeccionamiento.

Si usted no es alguien con un don natural para la persuasión o alguien que resultó ser la estrella del equipo de debate de su escuela secundaria, ¡no se preocupe! Las cosas se vuelven más fáciles cuanto más se enfoca y practica, y la palabra hablada no es una excepción.

Un aspecto a tomar en cuenta, antes de continuar discutiendo los usos y beneficios de poder persuadir a otros de manera eficiente, es que la línea entre la persuasión y la manipulación a menudo es muy delgada y confusa. Comprender la diferencia entre persuadir a alguien por un buen propósito y manipular a alguien para que haga algo por razones egoístas o maliciosas significa comprender la diferencia entre un comunicador creativo y un individuo potencialmente peligroso. Aunque todos manipulamos inconscientemente a otros de una forma u otra, la sociedad desaprueba moralmente el hecho de que usted se esfuerce intencionalmente por hacerlo para su propio beneficio. El acto de inclinar forzosamente a alguien a su voluntad es un acto de alguien que no tiene el valor de hacer lo que quiere hacer por sí mismo o es posiblemente demasiado cobarde para simplemente pedirle a la persona lo que se necesita. Si tiene la intención de hacer algo que se enseña en este libro con intención maliciosa o para causar discordia en la vida de otra persona, este libro no es para usted. Esa regla se aplica a todo lo que se enseña en este libro, y eso incluye la persuasión frente a la manipulación, que se explicará a detalle en el próximo capítulo.

Entonces, el primer paso para aprender a persuadir correctamente a los demás es aprender a articular de manera adecuada sus propias necesidades, deseos y puntos de vista. Difícilmente habrá alguien que sea persuadido o convencido adecuadamente por alguien que ni siquiera suene confiado en sus propias ideas. A menudo, este aspecto es con lo que las personas que intentan aprender a convencer a las personas y ser más persuasivas tienen más problemas a medida que aprenden a hablar frente a una multitud. Esto se debe a que la confianza es increíblemente difícil de desarrollar sin un sistema de soporte sólido. No es algo que se pueda perfeccionar durante unas pocas semanas o algo que se pueda corregir con una pequeña cantidad de autoconciencia, como la articulación verbal. No, la confianza es algo que crece más lentamente que casi cualquier otra cosa, algo que necesita el progreso de muchos días durante meses y, a veces, durante años. Aumentar esa confianza es innegablemente difícil para todos, sin importar sus antecedentes o sus circunstancias pasadas y presentes. La prueba de emprender ese tipo de viaje interno siempre se hace especialmente difícil para aquellos que sufren de un nivel de ansiedad mayor que la mayoría o tienen otras fuentes importantes de estrés. Observar estas dificultades nunca debe convertirse en un pretexto a su negativa de ganar más confianza. Aunque siempre habrá obstáculos en su camino, la existencia de estos obstáculos no es una razón válida para rechazar la ayuda de los demás y permanecer estático. Si no elige permitirse evolucionar como psicoanalista y como persona, es más que probable que sus compañeros siempre lo dejen atrás y estén más que dispuestos a evolucionar cuando usted no lo esté.

Como mencionamos anteriormente, muchas personas que desean ganar más confianza, pero no tienen el tiempo o la fortaleza mental para mantener la consistencia de trabajar en el amor propio y el cuidado personal y todo lo demás que conlleva una confianza nutrida orgánicamente simplemente lo fingirán. Este tipo de actitud, la mentalidad de "fingir hasta que lo consigas" puede ser perjudicial a largo plazo si nunca aprende a separar la fachada de la realidad, siempre y cuando esté dispuesto a soltar la fachada y adoptar la verdadera confianza que ha desarrollado, este tipo de pensamiento en realidad puede ser muy útil, dependiendo de la persona y del contexto en el que adoptan esa mentalidad.

La forma en que este tipo de mentalidad realmente funciona es aprovechando el efecto placebo. Este efecto placebo se basa en el hecho de que nuestro cerebro creerá todo lo que le digamos, esencialmente. Por ejemplo, a dos grupos de personas se les puede indicar que van a probar una nueva píldora de venta libre para la congestión. A un grupo se le brinda una píldora con un efecto descongestionante, y al otro grupo una píldora de azúcar idéntica que parece, sabe y se siente idéntica en textura a la píldora real. Ambos grupos informan que sienten reacciones casi idénticas, se sienten descongestionados y en general mejor. Afirmaron estar satisfechos con los resultados. Esto sucede porque el cerebro del grupo de la píldora de azúcar estaba convencido por quienes realizaron el experimento de que la píldora que estaban tomando contenía un descongestionante y, por lo tanto, simulaba un efecto descongestionante propio como reacción. Por supuesto, el efecto placebo puede tener un efecto ligeramente menos poderoso que lo que sucede para un grupo que realmente está recibiendo una entidad química inusual. El punto es que el concepto de "mente sobre materia" no solo tiene una base científica notable, sino que también se puede aplicar prácticamente en la medida en que este efecto placebo puede usarse para convencer a las personas de que el efecto será positivo, o al menos de que habrá algún tipo de beneficio. Este efecto placebo influye mucho en el método "fingir hasta que lo consigas", porque la razón por la que nos sentimos más seguros casi de inmediato una vez que ponemos este método en uso en nuestras vidas, es que efectivamente hemos convencido al cerebro de que ahora somos notablemente más confiados que antes de experimentar ese mecanismo de afrontamiento. Como reacción, el cerebro libera hormonas para ayudar en este proceso, haciendo que realmente nos sintamos más seguros. Por lo tanto, creer que tiene más confianza, en cierta medida, lo hará más seguro de inmediato.

La mayoría de las personas con las que se encuentra que tienen mucha confianza probablemente lo han fingido en algún momento u otro y pueden o no estarlo fingiendo en el mismo momento en que las observa. No es necesariamente algo incorrecto en absoluto, ni nada de lo que alguien deba avergonzarse de usar como una especie de muleta emocional o mecanismo de afrontamiento. Todos fingimos algo hasta cierto punto. Fingir cualquier cosa lo suficientemente bien como para engañar al cerebro incluso por determinado período de tiempo es más que suficiente para sentir realmente estos efectos. Esto es a veces la razón por la cual las personas informan que ciertos remedios caseros funcionan, aunque lógicamente no deberían, y la mayoría de ellos no trabajan en aquellos que son escépticos de sus habilidades. Las personas que los usan y los ponen en práctica son las personas que realmente creen en sus habilidades y creen que se sentirán mejor o que se curarán de lo que les aqueja. Por lo tanto, experimentan esos efectos exactos, en parte, debido a su propio pensamiento. Por otro lado, los escépticos creen que no experimentarán un cambio y, por lo tanto, a menudo no experimentan el alivio o el efecto que experimentan los creyentes en el remedio casero. Este tipo de pensamiento nos afecta en casi todos los aspectos de nuestras vidas, y no debe descartarse como una especie de posibilidad falsa. Puede percibirse que todos los que creen en los remedios caseros están siendo engañados por un cuento masivo en un mundo oculto de marketing. Sin embargo, se debe realizar una investigación personal para garantizar que cada situación implique la verdad para cada situación potencial de placebo. Algunos remedios caseros tienen un historial que nos indica por qué funcionan o no. Actualmente, otros remedios tienen menos material de estudio científico para respaldarlos adecuadamente. Cuando se siguen las pautas para un remedio casero también juega un papel en qué tan correctamente funcionan para cada persona que busca sus beneficios. El efecto placebo es muy real y lo afectará indudablemente en algún momento de su vida, incluso si no se percata del todo.

Ahora que hemos analizado las formas en que realmente puede lograr un mayor nivel de confianza, ¡practique hablar en público! Puede parecer increíblemente innecesario para la mayoría de las personas practicar este tipo de cosas con regularidad. Sin embargo, hacerlo le ayudará a tener más confianza en sus habilidades como orador en sus conversaciones diarias, aumentando sus habilidades de articulación y confianza. Aspectos como este influyen mutuamente cuanto más practica cada una de ellas. No importa que le recuerde a la escuela primaria, practique hablar sobre un tema que le interese, incluso si es solo para sus compañeros u otros seres queridos. Esto lo ayudará a aumentar sus habilidades de persuasión, así como sus habilidades para hablar en grupo. Una de las muchas claves para mejorar en el arte de la persuasión es poder hablar apasionadamente. Si alguien nota que le importa de lo que está hablando, es más probable que se sienta atraído por lo que está argumentando. Hacerlo no implica que ganará a muchas personas al final, pero asegurarse de tener una audiencia atenta es el primer paso para ganar su debate.

Un aspecto más importante de lograr persuadir a otros es realmente poder analizar a su audiencia. Considere lo que podría estar influyendo en su audiencia para escuchar su argumento. ¿Qué tipo de personas podrían estar de acuerdo con usted? Dependiendo de la respuesta a esa pregunta, asegúrese de atender específicamente a esa audiencia en particular. Hacerlo mejorará sus posibilidades de tener más personas de su lado. Cuando piense en qué tipo de personas puede complacer o atender durante su discusión, considere algunas de las siguientes preguntas generales:

- ¿Cuál es el rango de edad exacto de la audiencia que está tratando de complacer? Dependiendo de la respuesta a esta pregunta, puede comprender mejor cómo atraer a ese público específico. Un público más joven a menudo se sentirá más atraído por una discusión más apasionada y un cierto sentido de renovación: los jóvenes superan a los mayores, la nueva forma supera cualquier concepto clásico. Una audiencia mayor deseará escuchar un debate más firme, alguien que se muestre tranquilo y sereno en sus argumentos pero que aún tenga la abrumadora capacidad de llamar al oyente a la acción. Una audiencia mayor tiende a ser más parcial a una sensación de nostalgia. Tomemos, por ejemplo, al presidente Donald

Trump. Su campaña presidencial incluyó el eslogan "Make America Great Again!". Este eslogan se comercializó hacia una audiencia mayor, pero el eslogan se dirigió hacia el tipo de audiencia que es más susceptible a un tipo de llamado a la acción, y una audiencia que se encuentra más atraída por esa nostalgia por la "América" en la que crecieron hace años. A las audiencias mayores también les agrada que les afirmen que sus razones y sus creencias son innegablemente correctas, como la mayoría de las personas, jóvenes y mayores.

- Considere también el sexo de su audiencia. Esto a menudo afectará principalmente la forma en que presenta su argumento. La generalización es complicada cuando se trata de grupos masivos, pero aún es importante distinguir lo que puede lograr cuando considera a qué tipo de personas se quiere presentar usted mismo o sus puntos de conversación. En particular, considere cuán femenino o cuán masculino será su público objetivo. Esto a veces importa aún más que si la mayoría de su audiencia real es hombre o mujer. Un grupo de mujeres ultrafemeninas pueden tener intereses diferentes que un grupo de mujeres que buscan pasar su tiempo al aire libre con poco acceso a las comodidades. Tome en cuenta que atender a un sexo en particular es diferente a ser sexista, y el lugar en el que traza esa línea determinará su suerte y su potencial popularidad con su audiencia. Por lo general, las mujeres buscan sentirse empoderadas por quienes invierten su tiempo o energía regularmente. Prefieren sentirse iguales porque tradicionalmente se les ha hecho sentir como si tuvieran que compensar algo que les falta intrínsecamente en comparación con sus homólogos masculinos. Al lado de ese aspecto, los hombres tienden a no buscar algo increíblemente estimulante o filosófico. Los hombres a menudo buscan pasión y energía en el sentido físico más que en el sentido emocional, a diferencia de sus compañeras femeninas.

Teniendo esto en cuenta, tenga consideración de cuán lejos de cada estereotipo quiere situarse.

Considere los antecedentes de la mayoría de su audiencia. Ya sea que se trate de raza, ambiente, inclinación política, religión y espiritualidad o falta de ella, o una multitud de otros factores. Todos estos factores jugarán un papel importante en la forma en que se comunica con ellos para persuadirlos y promocionar sus puntos ante esa audiencia. Una audiencia que es particularmente espiritual o religiosa probablemente apreciará a un orador que integre esos elementos en su argumento o para atraer a la audiencia. Una audiencia cuya mayoría está inadaptada debido a la raza, la religión, la orientación sexual o cualquier otro aspecto que pueda hacer que esa audiencia sienta que tiene menos voz pública de lo que algunos de sus compañeros sentirán un apego a un orador cuyos puntos reconocen sus preocupaciones en la vida. Los oyentes potenciales serán más propensos a prestar atención si observan que el hablante está dispuesto a apelar a ellos como individuos que se sienten inadaptados u ocultos bajo las voces de aquellos que los rodean, a quienes con demasiada frecuencia se les brinda una voz desproporcionadamente alta en comparación. Es difícil caminar la línea entre hablar para grupos marginados e ignorar las súplicas de la mayoría, que pueden o no formar parte de su audiencia en particular. Incluso cuando la mayoría no es parte de su audiencia, todavía se ven afectados por sus puntos de vista y su argumento. La ira de la mayoría disminuirá las posibilidades de que su audiencia crezca y aumentará la impresión negativa que impacta en la audiencia de la otra parte, si existe otra o más partes. Además, un grupo no siempre siente ese gran interés de que usted hable para abogar por ellos, a menos que usted sea alguien en ese grupo demográfico particular o alguien que tenga un amplio conocimiento sobre el tema hasta el punto en que esté lo suficientemente informado para hablar sobre ello. Un defensor de las personas transgénero probablemente no podrá hablar sobre sus prejuicios tan adecuadamente o tan poderosamente como lo haría una persona transgénero real en algunas situaciones. Intentar ser un aliado en realidad puede resultar en el efecto contrario. Además, considere cualquier otro posible punto de unión entre la mayoría de los miembros de su audiencia. Ya sea el período de tiempo en el que nacieron o una experiencia que une a la mayoría de las personas a las que atiende, son las experiencias que las personas comparten las que a veces también son las más fuertes. La interacción con su audiencia en ocasiones se entiende como uno de los tesoros escondidos de hablar en público, debatir y discutir. Este es frecuentemente el secreto del talento aparentemente sin esfuerzo que proviene de muchos de los oradores públicos más poderosos, influyentes y populares. A lo que muchas personas en posiciones de poder que deben dirigirse al público recurren cuando pronuncian un discurso es el compañerismo que conlleva ser humano. Este sentimiento de unión y unidad es a menudo la fuerza impulsora de los oradores más poderosos.

Es la mayoría de estos factores combinados con otros temas específicos los que pueden desempeñar un papel en qué tipo de audiencia buscará reconocer. Tendrá que evaluar estos factores juntos, ya que finalmente tendrán la mejor oportunidad para determinar qué tan exitoso será para mejorar su capacidad de comunicarse con grupos extensos y reducidos. Además de ello, recuerde siempre que lo que vende sus puntos, más que ser realmente preciso, es la confianza. Parece ridículo, y más que eso, parece injusto, pero es cierto, las personas que buscan un orador o alguien en una posición de poder generalmente no buscan a alguien que tenga sus hechos claros, sino simplemente a alguien que puede convencer a una multitud de que, si se inclinan a su favor, estarán en el lado correcto de la historia. Convencer a la mente de que una sola persona puede causar una reacción en cadena que cambia la opinión popular de todo un grupo. Los hechos nunca serán lo que realmente vende su punto, por difícil que pueda parecer. No, nunca será la exactitud de su posición o la precisión de sus puntos lo que haga que la gente lo entienda y lo apoye. En cambio, es la confianza lo que convence a la gente. Si alguien se para en un escenario y pronuncia un discurso totalmente correcto, pero dado por alguien que carece severamente de confianza, las posibilidades de que ganen una mayoría son escasas o nulas en el mejor de los casos. Pero, alguien que se pone de pie y pronuncia un discurso incorrecto, incluso hasta el punto de difundir información errónea o dañina, pero que pronuncia el discurso con un aire de confianza y certeza, alguien que sabe cómo ser carismático y accesible, definitivamente ganará el voto popular. Claro, eso es ¡una locura! ¿Por qué la gente querría votar activamente por alguien que está equivocado? Piense a quién le gustaría observar en un programa que involucra a dos oradores. Los puntos y el argumento son exactamente los mismos, dados por dos personas diferentes. Las personas son idénticas, excepto que una de ellas es muy tímida, insegura y dudosa de los puntos. La otra no tiene idea de si son correctas o no, pero de cualquier manera sigue adelante. Son personas carismáticas, agradables y buenas oradoras.

Lo más probable es que elija al candidato que sea más elocuente y encantador en la forma en que se presentan y en la forma en que hablan. A pesar de que estaba siendo consciente de que estaban discutiendo puntos idénticos de la misma manera. La forma en que la persona más segura lo hizo sentir acerca de su argumento es la que lo cambió hacia su favor.

Este es un ejemplo de cómo puede argumentar y debatir eficazmente con el propósito de su objetivo previsto. Genuinamente, la forma en que se presenta en un entorno público puede influir en el arte del psicoanálisis. Piense por un momento en cómo lee a las personas que tienen confianza. Saber que las personas a menudo ya están falsificando su confianza en muchas situaciones, puede ayudarle a sentirse más cómodo navegando su propio camino hacia la confianza y la persuasión positiva. Por un lado, observar a las personas en posiciones de poder hablar con confianza sobre un tema del que realmente podrían saber muy poco o nada es un gran ejemplo de este tipo exacto de persona persuasiva. Alguien que no tiene educación aún puede destacar fácilmente en un debate, discusión o en cualquier otro escenario en el que un individuo tiene que presentar sus opiniones o ganarse el favor de su público. Esto puede ser específicamente cierto para el favor de grandes cantidades de personas que podría no conocer personalmente. Simplemente analizar a la audiencia potencial y atenderlos en la forma en que se comportan, su tono de voz, el contenido de la conversación y el lenguaje corporal, pueden otorgarles la atención que buscan. Comprender qué efecto sobresaliente puede tener un concepto tan simple y aparentemente sin sentido en nuestra percepción de una situación puede ayudarnos a cambiar el resultado para mejorar. El conocimiento, la confianza adecuada y la conciencia de la audiencia son claves importantes para desbloquear nuestras propias habilidades para hacer cosas por nosotros mismos y por los demás. Conscientemente, engañar a nuestros cerebros para que crean algo hasta que estemos completamente equipados para hacer algo de manera más independiente, puede ayudarnos a tener el poder de practicar lo que realmente queremos aprender a hacer.

    En este próximo capítulo, detallaremos el lado oscuro de la persuasión: la manipulación. También discutiremos cómo trazar la línea entre lo que es benevolente y malévolo con respecto a la manera en que las personas utilizan sus habilidades para el psicoanálisis para manipular a otros.

Capítulo Ocho: Moneda De Dos Caras

La línea entre la persuasión y la manipulación es tan delgada como el lado de una moneda. Las dos formas de lograr que otras personas entiendan el mundo de manera un poco diferente de acuerdo con nuestros propios puntos de vista, acciones o deseos. Lanzar esta moneda es fácil y puede hacerse deliberadamente o, en muchos casos, accidentalmente. Ser cauteloso con lo que se encuentra al otro lado de la moneda puede ayudarle a mantenerse alejado de muchos problemas morales, así como a evitar el uso indebido de sus habilidades de psicoanálisis.

De un lado de esta moneda está la persuasión, una forma relativamente inocente de manipulación. Obviamente, persuadir encubiertamente está mal visto en la sociedad. Sin embargo, persuadir a alguien sin su conocimiento generalmente no es particularmente fácil. La persuasión es simplemente el arte de utilizar cosas sutiles sobre las personas: su tono de voz, su redacción exacta, su postura, su lenguaje corporal y una multitud de otros factores simples para ganar su favor. Las personas a menudo inconscientemente llevarán dicha información a sus depósitos mentales y le permitirán influir en sus elecciones, decisiones familiares y objetivos para la vida. Puede encontrarse utilizando esta información para su beneficio promocionándose a sí mismo o su situación como la mejor opción posible en comparación con cualquier competencia. Por supuesto, existen muchas maneras en que esta información podría ser tratada erróneamente por personas en condiciones de persuadir. También es probable que existan muchas personas que simplemente consideren apropiado usar prácticas ilegales o generalmente inmorales al debatir o discutir por el voto o el favor de un grupo. Dejando a un lado estos hechos, centrémonos en el lado oscuro de este tema.

La manipulación, para tener una mirada más cercana y potencialmente más fría, más cínica, de ese mismo tema, reside bajo el paraguas de lo que describimos al mencionar que las personas pueden intentar persuadir a otros de manera encubierta o sin el permiso o consentimiento de los espectadores o de la persona participante. Esto puede conducir a muchos comportamientos y hábitos problemáticos si no se abordan adecuadamente. Por supuesto, existen personas que muestran accidentalmente estos hábitos y comportamientos y generalmente no tienen malas intenciones en sus esfuerzos. Sin embargo, alguien que roba sin saberlo deja de estar del lado de la ley. Vamos a profundizar un poco más en describir la diferencia entre la persuasión y la manipulación de los demás.

Tomemos como ejemplo que usted se encuentra en una fiesta. Hay alguien que baila muy íntimamente a su lado y trata de convencerlo de que abandone la fiesta para ir a su casa. Ninguno de ustedes está bajo la influencia del alcohol y ambos están por encima de la edad de consentimiento. La persona puede tratar de apelar a su sensación de soledad diciéndole que se asegurará de que se sienta cómodo y seguro. Esto puede considerarse como una persuasión que se apoya en el borde de la manipulación: la otra parte está tratando de convencerle aprovechando la información que ya han recopilado sobre usted.

La misma persona también podría tratar de convencerle de que se vaya de la fiesta a casa con ellos señalando que está solo, con una gran necesidad de consuelo y que no puede proceder por su cuenta por alguna razón que han observado sobre usted. El engaño también es un factor clave en la manipulación. Estas son formas de manipulación, la manipulación emocional para ser más específicos, es diferente de la persuasión. También conocido como "gaslighting" o "hacer luz de gas" en el contexto de una relación romántica potencialmente abusiva o negligente, este tipo de manipulación implica el uso de información que la persona ya tiene o ha adivinado sobre usted, y utilizan activamente esa información para hacerle sentir culpable y chantajearlo para hacer su voluntad. Es probable que lo hagan porque no saben expresarse adecuadamente y no ven otra forma de lograr que se doblegue a sus deseos. Entonces, la persuasión y la manipulación son dos caras de la misma moneda metafórica que a menudo están entrelazadas, pero siguen siendo formas muy distintas e independientes de tratar de ganarse a una persona.

Algo más a considerar cuando se habla de las distinciones entre persuasión y manipulación es cómo esa persona hipotética puede reaccionar si rechaza su oferta. La persona que simplemente trató de persuadirlo puede ser terco ante la situación, pero generalmente se rendirá cuando se niegue rotundamente. Él o ella puede estar descontento o decepcionado, pero generalmente abandonará la oferta después. Alguien que comenzó a tratar de manipularle usando culpa probablemente tendrá más dificultades para ser rechazado. Es muy probable que este tipo de persona se niegue a aceptar un "no" por respuesta, y con frecuencia seguirá presionándolo, a veces hasta que la situación se vuelva potencialmente peligrosa. Este es un tipo de persona que generalmente debe evitar a toda costa. Si los encuentra en un entorno público, debe asegurarse de tener su teléfono celular u otra persona que pueda ayudarlo en un escenario potencialmente dañino. Aunque esto es solo una contingencia y de ninguna manera está garantizado, la seguridad de todos los que podrían estar en contacto con personas como esta es la máxima prioridad. Además, debe tenerse en cuenta que cuando alguien intenta persuadirlo, especialmente en la situación de una fiesta como se describe en el ejemplo, generalmente no se trata de que la persona que intentó persuadirlo simplemente dejándolo ir y alejándose al primer intento. La persuasión puede volverse inapropiada tan pronto como alguien que intenta manipularlo o hacerle luz de gas, pero no tiende a ser tan malévolo como alguien que realmente no puede encontrar una manera de tratar de convencerlo sin ser engañoso. Alguien que al principio intenta persuadirlo puede ser muy firme en su persuasión por algún tiempo. Si esas tácticas persuasivas no funcionan, las cosas pueden convertirse rápidamente en una situación de manipulación mediante engaño, verdades parciales disfrazadas o información personal que tal vez no desee compartir. Nuevamente, esto es solo una contingencia, pero es una que sucede más de lo que debería. Cualquiera que se encuentre en un escenario similar a este, la mayoría de las veces mujeres jóvenes, debe conocer a las personas de este tipo y poder encontrar una manera de navegar con seguridad si surge una situación. Prepárese para llamar a las autoridades correspondientes, obtenga ayuda de alguien en quien confíe genuinamente y retírese de la situación de inmediato.

La diferencia, intrínsecamente, en la forma en que los persuasivos y los manipuladores usan sus habilidades analíticas para leer a las personas en realidad radica en lo que hacen con la información que están absorbiendo. Absorben esencialmente la misma información, pero realmente no parecen usarla exactamente de la misma manera. Las personas que tienen una mayor afinidad por la persuasión, que utilizan una conversación fluida y un lenguaje corporal para asegurar y convencer a una audiencia, tenderán a captar información sobre una persona o personas que están tratando de persuadir, y adaptar su postura, voz y palabras exactas a esa persona o personas cambiando su argumento.

Sin embargo, alguien que principalmente manipula a otros es un poco diferente. Alguien que tenga afinidad por la manipulación usará la misma información para no cambiar su lenguaje corporal o tono de voz o la elección de palabras para tranquilizar a su audiencia, sino tal vez para intimidarlos. Por lo general, los manipuladores son o tienen el potencial de ser individuos abusivos, emocional y verbalmente o de otra manera, por lo que es importante tener en cuenta los factores distintivos de alguien así. Un manipulador generalmente no se adaptará a la persona con la que está hablando, sino que buscará culparlos o asustarlos para que hagan lo que el manipulador les pide.

Sin embargo, ciertamente no todos los manipuladores son así. No todas las personas que quieren manipularle o someterle a su voluntad son el tipo de manipulador que le plasmaría abiertamente sus planes. Estos parámetros le brindan una guía sobre cómo reconocer la diferencia rápidamente para que pueda responder de manera segura y oportuna. Quizás los manipuladores más temibles son quienes viven entre nosotros y buscan el control de nuestros sentimientos. Puede ser que el tipo de manipulador más aterrador sea el que ni siquiera sabe que lo está manipulando.

Este tipo de manipulación también se presenta en forma de abusador. Detrás de puertas cerradas, pueden ser la viva imagen del tipo de persona descrita en el ejemplo de la fiesta. Pueden ser un tipo completamente diferente de persona, o pueden no serlo. Todo depende completamente de la persona que estamos tratando. Sin embargo, el tipo de persona de la que estoy hablando ahora es el tipo de persona que lo manipula de una manera que lo atrapa contra sí mismo. Es posible que no lo sujeten físicamente de ninguna manera, pero buscan usar sus propias situaciones en su contra. Este tipo de persona es especialmente peligrosa, ya que son lo suficientemente inteligentes, astutos y malévolos como para hacerlo sentir activamente como si debiera responder de la manera que sugieren. Incluso puede sentir que reconoce conscientemente que las acciones de la persona son abusivas o manipuladoras, pero no logra convencerse de que alguna vez podría enfrentarlas. Es posible que lo hayan hecho sentir inválido en sus sentimientos y en su pensamiento.

Aunque este tipo de dinámica tóxica se encuentra con mayor frecuencia en una relación en la que un hombre controla, domina y manipula a una esposa, la dinámica se puede detectar fácilmente en cualquier tipo de relación, romántica o platónica. Este tipo de dinámica se forma cuando el abusador o manipulador tiene el hábito constante de humillar agresivamente a una pareja y hacerla sentir inadecuada. Puede ser como si algo que sale de su boca no solo es descaradamente incorrecto, sino que hace que sea vergonzoso para la persona incluso pensar en lo que se dice. Este tipo de abusador cubrirá su abuso verbal y emocional con afecto y lo que llamarían "amor". Colman a su pareja o cónyuge de forma intermitente con mucho afecto y validación física y placer. Puede ser que con mayor frecuencia muestren ese "amor", y también despreciarán, degradarán o avergonzarán a su pareja. Esto se convierte en un ciclo dañino y abusivo en el que la víctima es demasiado sumisa y teme expresar sus opiniones para confrontar a su abusador, y mucho menos tiene el valor para levantarse e irse. Este ciclo mantiene a las víctimas de abuso atrapadas en sus relaciones durante meses, años y con demasiada frecuencia por el resto de sus vidas.

Ahora, vamos a mostrar cómo esta es una conexión relevante con el psicoanálisis. Una forma en que muchas víctimas de relaciones abusivas terminan encontrando una salida de esa relación es rompiendo el ciclo por la fuerza. Existen diversas maneras de lograrlo: Algunas víctimas encuentran el poder de romper el ciclo de abuso verbal y psicológico antes de que las envuelva con demasiada fuerza, cortando lazos muy temprano en la relación. Incluso esto puede tener efectos negativos y duraderos, ya que las personas manipuladoras y los abusadores a menudo acechan a sus parejas anteriores para tratar de volver a conectar o reiniciar el ciclo de abuso. Lamentablemente, la mayoría de las víctimas no tienen la suerte de captar las banderas rojas antes de que sea demasiado tarde para escapar. Otro gran grupo de víctimas encuentra fuerza comunicándose a través de foros en línea donde otros sobrevivientes de abuso se reúnen y se apoyan mutuamente. A menudo, esta fuerza positiva, y en ocasiones novedosa, en la vida de una víctima es al menos suficiente para eliminar parte del peso que el abusador ha dejado sobre ellas. En ocasiones no dará como resultado que la víctima de abuso permanentemente pueda ponerse de pie y luchar contra su abusador, pero un apoyo como este es suficiente para brindar a muchas otras víctimas una oportunidad de luchar contra las acciones de sus manipuladores.

A veces, las víctimas que están atrapadas en un ciclo de abuso pueden encontrar fuerza adicional al darle a su abusador su propia medicina. A menudo lo logran analizándolos de la misma manera en que el abusador los analizó para aprovechar lo que originalmente habían visto como "puntos débiles" en la armadura emocional de su víctima. Las víctimas pueden notar patrones en el horario de su abusador y podrán usar un momento en que se hayan ido o estén distraídos para escapar físicamente de ellos.

Si se encuentra en una situación perjudicial con una persona peligrosa o si es un espectador de una situación insegura, llame a las autoridades correspondientes de inmediato.

Tome en cuenta que la manipulación es un aspecto frecuente del psicoanálisis y no es algo que deba tomarse a la ligera. La manipulación de todo tipo también se considera de manera frecuente como simplemente otra cara de la moneda en comparación con la persuasión. Los capítulos anteriores se unirán en los próximos dos capítulos finales para ayudarle a comprender cómo combinar todos los métodos analizados y permitirle culminar en las mejores y más eficientes formas de obtener una mejor comprensión de quienes le rodean.

Capítulo Nueve: La Ciencia del Corte Fino

Una idea errónea común sobre el psicoanálisis es que es similar a la observación naturalista o un estudio de caso, ya que debe realizarse en el transcurso de varios meses y, a menudo, incluso años. Esto simplemente no es acertado. Para ser justos, el psicoanálisis es muy parecido a la observación naturalista, pero en realidad solo en el sentido de que es una herramienta utilizada por psicólogos o personas interesadas en los comportamientos de otras personas para evaluar o probar sus teorías sobre el mundo que les rodea, así como para evaluar a las personas dentro de ella.

Cabe señalar que el arte de "corte fino", o cognición rápida, como nos referiremos a él en el resto de este libro por ser más sencillo, no es una herramienta ideal para todos. Algunas personas descubrirán que el uso de la cognición rápida para comprender mejor a sus compañeros y obtener una visión del mundo les resulta muy natural, y otras personas considerarán más difícil enfrentarse a este tema. No existe absolutamente nada de malo en tener poco o ningún deseo de aprender a usar y aplicar la cognición rápida. La belleza de analizar a otros con una ciencia simple como la psicología del comportamiento es que definitivamente existe una cierta cantidad de discreción. Existe una determinada medida en la que realmente puede tomar todas las decisiones. Por supuesto, existen ciertas pautas y reglas generales específicas que le conviene seguir, pero en general, depende de usted cómo utilizar adecuadamente sus habilidades y cualquiera de las habilidades que haya aprendido al leer este libro.

En pocas palabras, la cognición rápida es el proceso y la capacidad de aprovechar inconscientemente la información que ha obtenido de una persona, lugar o grupo de personas en poco tiempo.

Por ejemplo, se realizó un estudio en el que se les indicó a varios estudiantes universitarios que abandonaran sus dormitorios durante veinte minutos en su estado más natural, como lo harían normalmente. Luego, a los amigos cercanos de esos estudiantes se les dio exactamente cinco minutos para ir al dormitorio y mirar lo que había alrededor. No se les permitía tocar o interactuar con nada en la habitación, solo observar. Después de que transcurrieran los cinco minutos, llegaron completamente ajenos que nunca habían conocido al estudiante universitario para investigar por su cuenta, durante el mismo período de tiempo de cinco minutos. Sin embargo, al final del estudio, se descubrió que, al responder preguntas sobre los estilos de vida de los estudiantes y los rasgos de personalidad probables, las personas que nunca habían conocido a los estudiantes universitarios respondieron preguntas de perfil sobre los ocupantes casi idénticamente a las respuestas dadas por los amigos cercanos de esos mismos estudiantes. Este es un excelente ejemplo de cognición rápida. La mayoría de los humanos tienen un sentido innato de señales sociales y de comportamiento. Algunos detalles simples y aparentemente irrelevantes incluso sobre el dormitorio de una persona pueden indicar características reveladoras sobre ella. Ver un tipo de desorden "organizado" puede indicar que el propietario de tal desorden puede ser una persona de pensamiento semiordenado, incluso si la "organización" solo tiene sentido para ellos. Alguien con un desorden que parece más descuidado puede dar la impresión de ser una persona dispersa, pero creativa. Usando pequeños detalles que incluso a menudo no sabemos que recogemos por nuestra cuenta con nuestra mente inconsciente, resulta bastante fácil unir rápida y eficientemente una imagen de una persona a menudo objetiva, incluso si no los hemos conocido o, de lo contrario, interactuado con ellos. Como puede ver, incluso en cuestión de minutos, tenemos la capacidad de comprender a las personas que nos rodean con mucha más profundidad y claridad de lo que a menudo nos damos crédito por tener a nuestra disposición.

La ciencia detrás de la cognición rápida es bastante simple. Nuestro cerebro consciente, la parte de nuestra mente en la que almacenamos información que es frecuente y relativamente a corto plazo, conserva un registro de muchas cosas. Puede llegar fácilmente a un punto de sobrecarga sensorial, ya que la mente consciente solo puede enfocar realmente su atención en un concepto central a la vez. Sin embargo, la mente inconsciente, que registra nuestros recuerdos, nuestros traumas y nuestra información a largo plazo, es mucho más extensa en términos de espacio disponible y, por lo tanto, existe una probabilidad significativamente menor de que pueda estar sobrecargada de información y estímulos. Sin embargo, debido a que a menudo no sentimos la necesidad de abrir activamente nuestra mente subconsciente, en ocasiones ni siquiera reconocemos el inmenso poder de esta parte de nuestros pensamientos. No es probable que nuestro cerebro inconsciente se sobrecargue en comparación con la mente consciente simplemente porque puede manejar mucha más información a la vez. Después de todo, está diseñado para ser una especie de bóveda de información que no necesitamos tener disponible.

Además de este tamaño metafórico abrumador, nuestro inconsciente no necesita pensar activamente en algo para obtener información sobre él. De hecho, la mayoría de las veces, su inconsciente está absorbiendo grandes cantidades de información sin que usted lo sepa. Es por eso que las personas a menudo experimentan una sensación de familiaridad con cosas con las que nunca deberían haber tenido ningún tipo de contacto en el pasado. Si pudiéramos vincular hipotéticamente nuestras mentes conscientes e inconscientes, podríamos aumentar de manera exponencial nuestro conocimiento general, nuestro poder de procesamiento y muchos otros procesos mentales. Nos convertiríamos en seres mucho más avanzados intelectualmente, así como en seres mucho más eficientes. Teniendo esto en cuenta, la cognición rápida es una habilidad que necesita perfeccionarse o agudizarse con el tiempo. La cognición rápida es algo menos atribuido al talento innato y natural de algunas personas. Podemos procesar la información a un ritmo mucho más rápido y generar conjeturas estimadas debido a ello.

Cuando siente que su instinto lo impulsa en una dirección específica, aunque no exista una razón lógica detrás de ese "instinto" o sentimiento instintivo, en realidad es su mente inconsciente procesando información que su mente consciente no sintió.

La cognición rápida depende en gran medida de ese tipo de instinto, la generalización y la energía de la "primera impresión" que tiene de alguien. Aunque durante la mayor parte de la historia humana, este tipo de suposiciones se consideraron como algo de ascendencia sobrenatural o algo totalmente inconcluso. Ahora tenemos una mejor comprensión de la mente humana para que podamos afirmar definitivamente que tenemos los procesos en nuestra mente inconsciente para determinar muchas cosas sobre alguien de un vistazo. Comprenderlo puede ser aterrador para algunos que a menudo son juzgados por sus características físicas en vez de por sus señales verbales o de comportamiento, por ejemplo, alguien con una postura muy amenazante o algo físico que es negativo y que también está fuera de su control. Cabe señalar que gran parte de este concepto de "primera impresión" se compone principalmente no de las características físicas de alguien, sino del lenguaje corporal y de los aspectos verbales, conductuales y controlables que son indicativos de la personalidad de alguien. Como personas tenemos la mala costumbre de tomar mucho tiempo para analizar a alguien. Sin embargo, usando la cognición rápida, es fácil y sencillo observar que usar grandes cantidades de tiempo para examinar a alguien psicológicamente es simplemente innecesario, injustificado e ineficiente en el gran esquema del psicoanálisis.

En lugar de perder tanto tiempo realizando una búsqueda tan profunda de alguien, puede observar a alguien y su lenguaje corporal, tono de voz y cualquier otro aspecto de la postura de una persona durante menos de un minuto. Con esta cantidad minúscula de tiempo en comparación con la cantidad de tiempo que a menudo tomamos para examinar a alguien de la misma manera, la mayoría de las veces podemos formar esencialmente las mismas estimaciones y conjeturas educadas sobre la persona o personas que estamos analizando, o al menos, estamos intentando de analizar en ese momento. Esto ocurre porque cuando observa a alguien durante cinco minutos frente a treinta segundos, está trabajando con la misma información básica sobre esa persona. La única diferencia es que se le ha dado tiempo adicional para examinar los matices y los detalles simples de la forma en que se comporta esa persona, junto con esa información básica sobre su comportamiento. En realidad, estos pequeños matices son a menudo una idea de último momento en comparación con esa base de comprensión que sabemos que tenemos de ese individuo. Las cosas que entendemos acerca de ese individuo, o más bien, las pistas grandes y más obvias sobre su comportamiento, son el gran centro metafórico de lo extraño en comparación con los matices más simples que quedan a un lado. Realmente, en la imagen más amplia del comportamiento de esa persona, estos pequeños detalles simplemente no importan. Los matices que indican exactamente qué podría hacer que el individuo actúe de la manera en que lo hace son irrelevantes cuando esa persona observa a alguien por interés y curiosidad más que por encontrar una respuesta real. Si alguien se siente ansioso por los casos de abuso en el pasado o simplemente porque son genéticamente propensos a un trastorno de ansiedad, debe cambiar el hecho de que se convierta en su amigo. Lo que importa es la forma en que se consideran a sí mismos, la forma claramente incierta y tímida de comunicarse con los demás, y la forma en que parecen retroceder cuando se les habla con dureza, entre muchos otros modos de actuar. Al analizar a alguien usando los métodos discutidos en este libro, generalmente no está buscando esos detalles pequeños y a menudo sin importancia. Está buscando el panorama general que indique el tipo de personalidad probable de una persona. El razonamiento detrás de ese comportamiento, en particular, es una idea de último momento, algo que puede ser atendido más tarde cuando tenga el momento adecuado, la conexión adecuada y la energía adecuada.

Estas ideas posteriores a menudo nos ayudan inmensamente a reconstruir una historia completa con respecto a un individuo y por qué pueden actuar de la manera que lo hacen, sus motivaciones y, a menudo, su pasado. Sin embargo, cuando analiza por primera vez a una persona, busca ampliar su red, por así decirlo. Es mucho mejor y mucho más fácil no gastar mucha energía en un aspecto del carácter de una persona o en cómo se determina a sí misma. Más bien, aspira a consumir una energía mínima mirando una amplia gama de aspectos de su personalidad, su lenguaje corporal, su ritmo y ciertos tics que usted podría notar. Existen otros tics y diversos detalles que no notará al principio, y eso es correcto. Parte del psicoanálisis es que no nota muchas cosas que podrían resultar relevantes hasta mucho después de que haya tenido la primera impresión, y colocado el primer dedo en el agua. La cognición rápida en ese sentido se puede comparar con un método que utilizan muchos artistas cuando tienen una idea para el trabajo en el que crean diversos "bocetos". En este sentido, "boceto" se refiere a una gran cantidad de borradores increíblemente desordenados y rápidos, hechos en sucesión hasta que el creador obtenga una comprensión precisa de cómo se verá su producto terminado. Esto incluye dónde pueden desear que se coloque un objeto, en qué posición debe colocarse, algunos detalles y aspectos del fondo, el ángulo, la iluminación y varios otros detalles tendrán que considerarse mucho antes de que se pueda producir un trabajo terminado.

Al igual que la cognición rápida, al crear bocetos, un artista tiene que desplegar la red de manera creativa, ya que tiene que extraer ideas de cada rincón de su mente y arrojarlas sobre papel o lienzo para observar cómo luce. En estos bocetos, se puede producir la idea de una creación más formal y final. Del mismo modo, algunas corporaciones y otras entidades comerciales han adoptado esta forma de pensar, al pedirles a los empleados que no dediquen mucho tiempo a una prueba de un producto, sino que pasen más tiempo creando muchos prototipos desordenados hasta que puedan hacer uno que funcione idealmente para lo que buscan específicamente del producto. Esto les permite no solo alentar la productividad y la creatividad, sino que también les permite a los trabajadores fracasar sin castigo o burla. En el mundo real, fallamos varias veces mientras creamos o hacemos algo antes de alcanzar el éxito. Lo que nos hace tener éxito al final es, en gran parte, la información y los comentarios que hemos recibido en el camino. Este sistema de retroalimentación rápida es exactamente lo que muchos artistas y empresas están tratando de reproducir.

Volviendo a la información antes mencionada sobre las leyendas de las máscaras del antiguo Japón, en el que cada persona posee tres máscaras que muestran a grupos separados dentro de sus vidas, se puede decir que cuando intenta analizar a alguien por primera vez, no está mirando a su tercera máscara, la que muestran solo en el espejo, que representa su "yo" más profundo y, a menudo, más oscuro. No, en cambio, a menudo miramos su primera máscara, la máscara que muestra no solo a ellos mismos, sino a todo mundo. Esta es su máscara pública, el personaje que en ocasiones es una fachada que fabrican y que seguramente solo se mostrará al público. En las notas incompletas y editadas del fallecido sociólogo G.H Mead, escuchamos más información sobre su teoría del yo, de muchas maneras su información se correlaciona con la comprensión del yo del antiguo Japón. En las notas, Mead señala la existencia de dos "yo" separados pero unidos y coexistentes, llamados el "yo" y el "mí".

El "yo", afirma Mead, representa la forma en que un individuo interactúa consigo mismo. Es la manifestación de cómo una persona se trata y cómo es probable que traten o manipulen la imagen que ven en el espejo todos los días. El "mí", por otro lado, es un sentido del yo mucho más fluido que se deriva únicamente de la interacción social. El "mí" es el yo que se produce en función de la forma en que la mayoría de las personas se encuentran en la vida y cómo lo tratan o manipulan. Si la mayoría de las personas que interactúan con usted lo tratan con dureza o negatividad, como un niño que creció en un hogar abusivo, negligente o poco saludable, su "mí" cambiará en consecuencia, en ocasiones retirándose y volviéndose extremadamente desconfiado, asustado o vicioso y cruel. Sin saberlo, el individuo puede continuar el ciclo de abuso hacia los demás mientras intentan interactuar de formas que les parecen naturales.

Nuestros "yo(s)" interactúan entre sí y cambian diariamente, ya sea que nos conectemos con otra persona literalmente o de otra manera. Sin embargo, nuestros yo(s) nunca interactúan con otras personas y solo nos afecta nuestro "mí". Si su "mí" sufre un golpe significativo a la confianza en sí mismo o al ego por alguna razón, su "yo" se vería afectado, pero solo proporcionalmente a cómo se vio afectado el "mí". El "yo" nunca se verá tan afectado por las interacciones como el "mí", pero las condiciones sociales extremas en las que se coloca el "mí" a veces también interactuarán indirectamente y cambiarán el "yo". Esto es a menudo de una manera menos extrema en proporción a la cantidad de estrés que infectaba el "mí" o la efectividad del evento.

La cognición rápida es un proceso que está presente en todos, y aunque, por supuesto, puede aprovecharse aún más y utilizarse de manera más efectiva, es algo en lo que la "cantidad" base está presente casi por igual en todas las personas. Esto es así porque la cognición rápida es nuestra nueva terminología compleja para la toma de decisiones instintiva. Es un mecanismo de defensa evolutivo, que es una de las razones por las que todavía somos una especie en curso y próspera. Como cavernícola, si viera a un oso o alguna otra cosa que sin duda estuviera decidida a matarlo, no tiene tiempo para comprender y analizar en profundidad qué puede estar causando este comportamiento en el oso. Tiene tiempo para entender que el oso lo matará si no reacciona, entonces actúa en consecuencia.

Reconocemos que este es quizás un vago ejemplo de lo que es la cognición rápida y cómo se puede aplicar a la vida actual, así que veamos más allá.

Supongamos que tiene una cita doble con su pareja o cónyuge, y un amigo cercano se ha unido a usted con su compañera. Esta es la primera vez que conoce a la pareja de su amigo, pero existe algo que le incomoda de esa persona. No puede identificarlo, pero algo acerca de ella indica que no es la persona que podría estar pretendiendo ser. Puede sentir que podría ser una persona potencialmente peligrosa para usted o para su amigo. Al principio, no le cuenta a su amigo sus sentimientos; después de todo, no ha hablado mucho con ella, probablemente sea solo paranoia, ¿cierto? Luego, unas semanas o unos meses más tarde, se reúne para ponerse al día con su amigo durante el almuerzo, y le menciona que ya no ve a esa persona. Parte de usted se siente aliviado, pero pregunta por qué. Su amigo suspira y admite que descubrieron que su pareja lo engañaba hace unas noches. Una parte de usted se alegra, entusiasmado de que estuviera en lo correcto y emocionado con esta nueva habilidad que posee. ¿O es realmente una nueva habilidad después de todo?

La respuesta simple es no. Aunque sería satisfactorio asegurarnos de que somos realmente especiales o que poseemos habilidades psíquicas, esto es lo que realmente sucedió: vio a la pareja de su amigo y casi de inmediato supo que algo no estaba bien. Ya sea por la forma en que se portaron, por la forma extremadamente melosa en que hablaba con su amigo, o por el tono de su voz, algo en ella simplemente dejó una especie de sabor amargo en la boca. Ya sea que se haya percatado activamente o no, su cerebro, o al menos la parte subconsciente, se percató de algunas de estas cosas sin avisar a su cerebro consciente. Su cerebro consciente estaba más enfocado en su comida, en su pareja, su amigo, o de otra manera preocupado por una multitud de muchas cosas diferentes. Su cerebro inconsciente filtró las enormes cantidades de información que recopiló de este nuevo individuo. Su cerebro inconsciente y consciente reaccionará automáticamente de manera más alerta a las personas nuevas, aunque solo sea porque no son reconocidas y sus patrones de habla, lenguaje corporal y hábitos aún no son lo suficientemente familiares como para ser descartados automáticamente. Su yo inconsciente entendió y registró que gran parte del comportamiento mostrado por esta nueva persona como hábitos que le parecerían poco atractivos o problemáticos. Su inconsciente le devuelve esa información y la almacena, donde se sentirá insatisfecho o incómodo debido a esa persona. Su inconsciente no registrará por qué nunca tuvo la oportunidad de procesar nada acerca de la persona, ya que nunca hizo nada abiertamente molesto para usted o para cualquier otra persona que estaba en la cita doble, por lo que el consciente nunca se molestó realmente con eso. Su mente inconsciente posteriormente procedió a tomar las riendas metafóricas donde lo dejó su pensamiento consciente, procesando información más orientada a los detalles que era más parcial y, por lo tanto, no preocupaba particularmente a la mente consciente. Su mente inconsciente actúa más como una muleta que examina la información disponible y el estímulo que la mente consciente simplemente no puede molestarse en ordenar.

Ahora, antes de dejarse llevar con cada instinto que tenga y considere que es un hecho solo porque sintió una corazonada, recuerde ser precavido. Recuerde que mencionamos que la toma de decisiones inconsciente se basa en parte en experiencias y prejuicios pasados, mientras que el consciente es más propenso a tomar decisiones basadas en hechos obvios. Esta es la razón por la cual el subconsciente se ocupa principalmente de las decisiones basadas en las acciones pasadas de alguien y no realiza juicios basados en una interacción mínima con nuevos estímulos.

Aunque puede o no tener una gran cantidad de confianza en sus habilidades de toma de decisiones inconscientes o mucha fe en su instinto, las decisiones tomadas por el inconsciente son corazonadas. La cognición rápida es una colección de corazonadas. Una gran cantidad de estimaciones rápidas que se negaron de inmediato o no fueron concluyentes, ayudan a formar una base sobre la cual entender a esa persona en base a esas conjeturas parcialmente educadas. Si conoce a personas similares a usted, esto puede servir como evidencia adecuada para condenar o elevar el estado de esa persona para usted y su conciencia.

Por favor, no siga sus instintos si realmente tiene hechos y experiencia real con esa persona en la que puede confiar para comprender una situación. Su instinto y su cognición rápida son herramientas brillantes que se pueden utilizar en una limitación de tiempo importante, pero si tiene el tiempo y la energía, puede que no sea una necesidad directa en cada situación. Ya no vivimos en una época en la que cosas como esas son necesarias, donde una decisión de una fracción de segundo también es la diferencia entre la vida y la muerte. Aunque tomar decisiones cognitivas rápidas es una parte importante de perfeccionar sus habilidades como psicoanalista, no es necesariamente una función que debería ser la primera herramienta que tome. Aunque, es cierto que es una gran herramienta que le servirá correctamente cuando sea necesario en su búsqueda de información en el mundo que lo rodea, y de sus habitantes más interesantes.

Capítulo Diez: Lo Que Significa Todo

Entonces, ha leído, o más probablemente, ha hojeado, esta información. Hemos cubierto la persuasión y la manipulación, conceptos erróneos sobre las pruebas de personalidad, la cognición rápida y la leyenda enmascarada de Japón. Ha leído y, con suerte, ha entendido mejor lo que significa exactamente poder psicoanalizar a las personas. Con suerte, ahora entiende al menos un poco mejor lo que eso realmente significa para usted, como persona. Con suerte, comprenderá lo que significa en términos de su crecimiento personal, interpersonal y de sus habilidades y capacidades que sin duda estarán en marcha durante mucho tiempo, probablemente hasta que abandone la Tierra.

Pero, ¿cómo tomar toda la información que le hemos brindado a lo largo de este libro y sintetizarla en un resumen final? Veamos un análisis final de lo que significa psicoanalizar y la mejor manera de hacerlo sin traicionar su código moral o invadir la privacidad de las personas.

El comienzo de nuestro resumen es, simplemente: No es necesario tener un título o incluso tener una comprensión más que básica de la psicología humana para poder analizar a alguien. El psicoanálisis es, en cierto sentido, un tipo de habilidad que está oculta de forma innata en muchas personas. Las personas que sufren de una neurodivergencia pueden tener dificultades con esta comprensión básica incorporada de las señales sociales y la dinámica del comportamiento. El psicoanálisis es una palabra extensa y compleja, pero es alcanzable. Puesto del modo más simple posible, el psicoanálisis es la capacidad de cualquier persona para poder observar a otro durante un período de tiempo determinado y lograr hacer una estimación aproximada de la personalidad de esa persona, o al menos poder comentar con precisión cualquier aspecto de la persona. Es posible que pueda obtener en un corto período de tiempo suficiente información que le ayudará a tomar decisiones rápidamente durante un período de uso más prolongado.

Nosotros, como seres humanos, nos conectamos de una manera muy inusual en ocasiones. Tenemos esta forma de conectarnos de una manera confusa y a menudo desordenada, como piezas de rompecabezas que realmente solo forman una imagen coherente si toca un poco los bordes de la forma. Todos somos personas conscientes que sin saberlo seguimos tendencias y reflejamos a nuestros amigos mientras buscamos una buena vida, sin embargo, esa buena vida puede estar intentando encontrarnos. No importa el escenario, todos somos humanos. Este sentido filosófico de compañerismo va más allá de las últimas horas de la noche en las que nos volvemos hacia las estrellas y contemplamos el por qué estamos aquí. Esta sensación de unión que obtenemos alimenta nuestro deseo, nuestra extraña, y a menudo morbosa, compulsión de conectarnos. Muchos pueden preguntar por qué tenemos este deseo de conocer gente nueva y hacer cosas nuevas. Algunas personas pueden negar su conexión con la masa de la población por completo, insistiendo en que son de alguna manera inconcebiblemente diferentes de la multitud. Sucede que cuando las personas rompen el curso de la tradición, creamos una nueva de una manera que, por derecho propio, se convierte en otra tendencia más para la población en general.

Tenemos la compulsión de interactuar e intentar forzarnos a conectarnos a menudo simplemente por el egoísmo de saber lo que percibimos como la verdad. Si sentimos que sabemos, automáticamente tenemos algo sobre todos nuestros amigos, nuestros compañeros, nuestros enemigos, y queremos desesperadamente tener esta sensación de estar separados, o incluso mejor de alguna manera. A veces las personas se cansan de este universo en el que nos encontramos e intentamos avanzar de una manera que nunca antes habíamos visto en el pasado. Este es especialmente el caso a veces para las personas que viven de una manera en la que el objetivo principal de la vida es sobrellevar las cosas y tratar de sobrevivir. Los adolescentes pueden sentir que solo quieren vivir por su cuenta lo antes posible. Las familias que viven en la pobreza o en situaciones de restricción financiera pueden sentir que apenas pueden sobrevivir y desean buscar una nueva y mejor forma de vida. Algunos pueden no sentir una tensión financiera, pero tienen otros problemas serios para los cuales deben buscar respuestas diariamente para sobrevivir. Algunos pueden adoptar algo similar a una teoría de conflicto social, el paradigma sociológico propuesto por primera vez por el famoso comunista Karl Marx, quien propuso que cualquier sociedad es poco más que un ring de boxeo o un coliseo para que los trabajadores de cuello blanco y obreros se entablen en una lucha eterna y sin fin para mantener o tomar el control de la otra parte. Esta forma de ver el mundo puede parecer morbosa y pesimista, pero "es acertada" como afirman. Existen, por supuesto, otras formas más optimistas o al menos más justas de ver el mundo que nos rodea. Por ejemplo, el funcionalismo estructural dicta que cada grupo y facción dentro de la sociedad funciona como una máquina correctamente engrasada. El interaccionismo social, que plantea la hipótesis de que tal vez no es la totalidad de la sociedad la que está interactuando de alguna manera, sino que la sociedad en su conjunto se manifiesta por completo de maneras más obvias, simples e inocuas, de modo que al menos dos personas interactuarán entre sí en cualquier momento. Este concepto también señala que no existen realidades "crudas" en el mundo, solo "hechos" reconocidos que solo pueden ser vistos como hechos para aquellos que en un momento han acordado otorgar a los llamados "hechos" cierta validez. Todos estos paradigmas trabajan juntos para dividir a los sociólogos y filósofos en sus puntos de vista sobre cómo la sociedad opera y puede cambiar. Es probable que tales conceptos continúen siendo fuente de debate y discusión entre los funcionarios altamente respetados, incluso en la actualidad.

Y en esta era moderna en la que vivimos ahora, ¿qué se puede obtener del arte del psicoanálisis? En cierto sentido, ¿no hemos descubierto ya todo lo que se tiene que saber sobre la mente humana, la psique, e incluso enseñamos a nuestros hijos?

No, por supuesto que no. A diferencia de muchas asignaturas como las matemáticas o la física, que parecen tener una cantidad más limitada de información que podría obtenerse, la psicología se desarrolla cada vez más diariamente. De los aspectos físicos de la psicología estamos descubriendo más sobre aspectos como la plasticidad cerebral, que es la capacidad innata del cerebro para cambiar sus necesidades y parámetros operativos. Hemos aprendido que el cerebro no es realmente un órgano estático o inmutable, como alguna vez pensamos. Estudiar el tamaño y muchas funciones de los lóbulos y secciones del cerebro nos ayuda a descubrir otros aspectos sobre las enfermedades mentales, los trastornos y los conceptos de psicología conductual. Estamos aprendiendo rápidamente sobre todo tipo de estas enfermedades mentales y la mejor forma de tratarlas y, mejor aún, prevenirlas.

Algo más de lo que aprendemos es la psicología de nosotros mismos. Como psicoanalistas, la parte más importante de poder analizar a alguien es poder analizar a fondo a la persona que indiscutiblemente conoce mejor, que es, por supuesto, usted mismo. Si uno no puede revelar por qué podría hacer ciertas cosas o qué podría indicar su lenguaje corporal sobre su estado emocional actual, ¿cómo podría esperar revelar estas cosas sobre otra persona? Es como decir que probablemente podría impactar a un pez que se mueve a través de un arroyo con una flecha, pero que descuida incluso practicar con uno fijo en tierra. Sobreestimar sus habilidades es la caída del hombre en todas las profesiones, incluidos los antecedentes psicológicos. Algunos de los sobre-estimadores más reconocidos de sus propias capacidades serán las personas que piensan que tienen una comprensión innegable de la psicología de todos los seres humanos porque creen que el nihilismo, que es un rechazo de todos los principios morales, es la respuesta a todo. Este es el tipo de persona que puede tratar activamente de difundir su propio evangelio negativo, o tal vez creen que están por encima de las personas optimistas porque consideran que sufren la carga de un conocimiento superior, en comparación con otros psicoanalistas e individuos analizados.

Este tipo de persona también tiene una marca registrada, por así decirlo, por su propia forma consistente de ver a las personas. Las personas con mentalidad nihilista a menudo perciben al hombre como una bestia maliciosa predeterminada, y que los humanos están obligados a ser lo que llamarían "malvados". También existen algunos que llamarían a las personas inherentemente "buenos", tal vez debido a sus experiencias pasadas, a su fe o religión, o tal vez simplemente para que sientan que han contenido su propia brújula moral. En cualquier caso, la mayoría de los sociólogos están de acuerdo en que estos dos puntos de vista están equivocados, cuando se formulan brevemente y en oposición a su propio pensamiento personal. La mayoría de los profesionales que se especializan en cualquier tipo de campo que persiga el razonamiento del hombre en ocasiones pueden estar de acuerdo en que las personas no son inherentemente "buenos" o "malos". Pueden elegir comportamientos profesionales que significan que deben emplearse conceptos y acciones neutrales en sus interacciones colectivas. por el bien de aquellos a quienes buscan ayudar.

Todos vivimos en el mismo período de tiempo, en la misma Tierra, y algunas personas incluso están leyendo este libro dentro del mismo país. Incluso podemos estar viviendo en el mismo estado o ciudad. Todos coexistimos, pero luchamos constantemente al mismo tiempo. Todos estamos interactuando unos con otros, dando sentido al mundo. Sin embargo, en el mismo instante esas micro interacciones se traducen en interacciones masivas entre trabajadores de cuello blanco y obreros, entre hombres y mujeres, entre grupos étnicos y facciones espirituales o religiosas, y entre sociedades como entidades vinculadas. Entonces, en ese sentido, los tres paradigmas sociológicos que mencionamos anteriormente son necesarios en su propio formato respectivo. Necesitamos una variedad de puntos de vista del universo, para que podamos entenderlo mejor y poder verlo desde diferentes puntos de comprensión. Si nos permitimos coexistir en lados opuestos de un cuerpo planetario, es más probable que podamos verlo correctamente como un planeta entero. Podemos recopilar nuestra información sobre ese planeta que es importante para nosotros para crear una vista más colorida, descriptiva y desarrollada con mayor precisión si lo hacemos juntos. Cada persona puede conservar su propio punto de vista, muchos de los cuales hacen lo mismo, mientras respiran el mismo aire.

Y, sin embargo, en el extraño estado de sociedad de Schrodinger con un estilo que incluye tanto la calma como el caos, nos encontramos unidos en tiempos simples y aparentemente sin importancia en nuestras vidas. Cuando miramos hacia la luna en la oscuridad de la noche, a menudo nos consuela saber que no importa cuán lejos estén, nuestros seres queridos están "debajo" de la misma luna. No importa a dónde viajemos o cuán lejos parezcamos sentirnos de las personas que más amamos, muchos de nosotros creemos que todos estamos conectados intrínsecamente a través del terreno firme sobre el que todos caminamos a diario. Recuerde esto y conserve la calma cada vez que sienta que la corriente de su vida diaria y las luchas diarias que le unen aún más entre sí lo derrumban. Busque la compañía de alguien en quien pueda confiar y disfrute viendo sus diferencias brillar y fascinarlo mientras aprende a apreciar su propia singularidad personal.

Todos estamos unidos porque tenemos mucho que descubrir sobre nosotros mismos como personas. Lo que nos une tan estrechamente es que todos somos ignorantes en comparación con lo que nuestro conocimiento colectivo como especie podría decirnos si pudiéramos compilarlo adecuadamente. Como afirmó una vez Sócrates en un famoso trabajo de Platón: "Solo sé que no sé nada". Aunque tal vez sea una simple paradoja, un truco mental para confundir al lector, puede ofrecer una visión mucho más profunda del hombre en sí. Sentimos que somos conscientes de nuestra consciencia, pero ¿cuánto más podemos analizar realmente nuestra consciencia? ¿Cómo podemos comprobar el uno al otro, e incluso a nosotros mismos, que somos conscientes? Esta es una de las muchas preguntas que puede reflexionar en sus pensamientos a medida que desbloquea las diversas habilidades psicológicas que ha guardado en su interior.

Vea más libros escritos por Matt Holden

www.ingramcontent.com/pod-product-compliance
Lightning Source LLC
LaVergne TN
LVHW041648060526
838200LV00040B/1761